HEYNE <

ZUM BUCH

Zwei Pässe, zwei Kulturen – und eine Menge Stress. Als junger Doppelbürger in Duisburg hat man's nicht leicht. Integrieren würde man sich ja gerne, aber einfach ist das nicht. Die deutschen Beamten schalten grundsätzlich auf stur, in der Schule läuft auch nicht alles rund, und für die Polizei ist man sowieso der übliche Verdächtige. Doch auch von türkischer Seite gibt es nur Probleme – nicht zuletzt den traditionsbewussten Vater, der die Modernitätsanfälle seines missratenen Sohnes am liebsten durch Zwangsheirat kurieren würde ...

Einfach aus dem Bauch heraus, überdreht und gleichzeitig authentisch schildert Mehmet Akyazi die Abenteuer seines Alter Ego aus einem Alltag, der dem typischen Deutschen zeitweise recht fremd vorkommt – obwohl er doch direkt nebenan stattfindet. Akyazis satirische Rundumschläge beweisen vor allem eins: Ein Klischee ist dümmer als das andere, und recht machen kann man es sowieso keinem.

ZUM AUTOR

Mehmet Akyazi wurde 1992 in Duisburg geboren. Seine Eltern kommen aus der Schwarzmeerstadt Ordu in der Türkei. Als Kind hat sich Mehmet kaum für Literatur begeistern können, heute hat sich die Situation nicht sonderlich geändert. Zurzeit macht er sein Abitur in Duisburg. Wenn er nicht gerade mit hübschen Mädchen oder sturen Beamten beschäftigt ist, schreibt Mehmet Satiren über sein Leben als Doppelbürger.

Mehmet Akyazi

GETÜRKT!

Mein krasses Leben als Doppelbürger

Satiren

WILHELM HEYNE VERLAG
MÜNCHEN

Dieses Buch erhebt keinen Faktizitätsanspruch. Es behandelt typisierte Personen, die es so oder so ähnlich gibt oder geben könnte. Diese Urbilder wurden jedoch durch künstlerische Gestaltung des Stoffs und dessen Ein- und Unterordnung in den Gesamtorganismus dieses Kunstwerks gegenüber den im Text beschriebenen Abbildern so stark verselbstständigt, dass das Individuelle, Persönlich-Intime zugunsten des Allgemeinen, Zeichenhaften der Figuren objektiviert ist.

Für alle Leser erkennbar erschöpft sich der Text nicht in einer reportagehaften Schilderung von realen Personen und Ereignissen, sondern besitzt eine zweite Ebene hinter der realistischen Ebene. Es findet ein Spiel des Autors mit der Verschränkung von Wahrheit und Fiktion statt, das bewusst Grenzen verschwimmen lässt.

FSC
www.fsc.org
MIX
Papier aus verantwortungsvollen Quellen
FSC® C014496

Verlagsgruppe Random House FSC-DEU-0100
Das für dieses Buch verwendete FSC®-zertifizierte Papier
Holmen Book Cream liefert Holmen Paper, Hallstavik, Schweden.

Originalausgabe 08/2011

Printed in Germany 2011
Umschlaggestaltung und Umschlagillustration:
Nele Schütz Design, München
Satz: Greiner & Reichel, Köln
Druck und Bindung: GGP Media GmbH, Pößneck
ISBN 978-3-453-40848-7

www.heyne.de

Der Doppelbürger

Merhaba, ich heiße Mehmet Akyazi und komme aus der wohl verkohltesten und langweiligsten Stadt in ganz Deutschland, nämlich aus Duisburg. Wie man an meinem klischeehaften Vornamen schon unschwer merken kann, kommt meine Familie ursprünglich aus der Türkei, oder politisch korrekt ausgedrückt: Ich bin ein Kanake. Deshalb dreht sich mein ganzes Leben auch nur um sture Beamte, Vorurteile und schöne Mädchen. Mein rücksichtsloser Vater und meine religiöse Mutter machen mir ständig das Leben schwer. Ich weiß, auf die Meinungen Älterer sollte man schon hören, aber manchmal verwirren sie mich auch mit Sätzen wie: »Wenn du in Deutschland die Schule nicht schaffst, dann schicke ich dich wieder in die Türkei!«, gefolgt von: »Wenn dein Lehrer behauptet, wir hätten die gleichen Vorfahren wie die Affen, dann halte dir einfach die Ohren zu!« Außerdem habe ich auch noch eine kleinere Schwester. Sie ist gierig, verwöhnt und faul.

Bald war ich volljährig, und meine Doppelbürgerschaft würde nicht ewig dauern. Nur noch ein paar Jahre, dann musste ich mich entscheiden, ob ich Deutscher oder Türke werden wollte. Deshalb beschloss ich, bis dahin mein Leben als richtiger deutscher Türke zu genießen, und da ich nicht riskieren wollte, dass die Leute dachten, ich wäre mehr Türke als Deutscher oder mehr Deutscher als Türke, benahm ich mich zur Hälfte wie ein Türke und zur Hälfte wie ein Deutscher.

Das begann schon sehr früh am Morgen, nämlich um fünf Uhr. Da ich ja Deutscher war, durfte ich nicht zu spät in die Schule kommen, sondern musste ständig überpünktlich sein. Weil ich aber zur anderen Hälfte ein Türke war, brauchte ich erst mal zwei Stunden, um mir Gel in die Haare zu schmieren, und dann noch eine weitere Stunde, um mir meine Klamotten für den Schultag rauszusuchen. Natürlich nur Luxusmarken, die ich mir eigentlich nicht leisten kann, als Türke aber leisten muss. Außer, man kauft sich einfach im Urlaub das Plagiat. Also, Hosenbeine in die Socken gestopft und Boxershorts halb draußen, das ist die Knigge-Regel bei uns Kanaken. Mit dem neuesten Handy bewaffnet, war ich dann perfekt auf meinen ersten deutsch-türkischen Schultag vorbereitet. Meine noch volltürkische kleine Schwester stand erst zehn Minuten vor Schulbeginn auf. Es wunderte mich immer wieder, wie sie es schaffte, nur zwei Stunden zu spät zum Unterricht zu erscheinen.

Die Art und Weise, wie ich zur Schule kam, hatte sich auch geändert. Früher hatten mich immer irgendwelche Kollegen oder Eltern von Klassenkameraden mit dem Auto hingebracht. Aber da ich ja nun zur Hälfte ein Deutscher war, fuhr ich mit dem Fahrrad, um die Umwelt zu schonen. In der Schule hing ich jetzt mit meinen neuen deutschen Freunden Hans und Herbert rum. Nur leider redeten wir immer aneinander vorbei, da sie unverschämterweise meine Kanakensprache nicht verstanden. Begriffe wie »Moruk«, »Oglum« oder »krass« waren ihnen fremd. Wie sollte ich ihnen da die türkische Kultur näherbringen?

Im Unterricht wurde ich auch besser, denn ich meldete mich immer wie ein vorbildlicher Deutscher und gab radikale Antworten wie ein Türke, was den Lehrern komischerweise gefiel. Trotzdem war das kein Grund für sie, mir gute Noten zu geben – schließlich zählte am Ende doch das türkische Aussehen.

Nach der Schule ließ ich mir dann – wie ein Deutscher – mein Fahrrad von einem Türken klauen und klaute anschließend selbst – wie ein Türke – das Fahrrad von einem Deutschen. Das ist ganz einfach. Man muss sie einfach nur lieb fragen: »Hey, krasses Fahrrad, *lan*. Darf isch mal Probefahrt machen?«

»Na klar!«, antworten die Deutschen dann meistens geschmeichelt.

Auf dem Nachhauseweg fuhr ich dann mit meinem neuen Fahrrad so nah wie möglich an den Autos entlang, weil das ja fast jeder Deutsche so macht. Wieso, weiß ich auch nicht. Das gehört mit zu den Dingen, die ich an den Deutschen nie verstehen werde. Beim Fahrradfahren trug ich als Türke natürlich keinen Helm. Warum Türken keinen Helm tragen? Das kann ich euch erklären: Er würde unsere schöne Frisur ruinieren. Nach fünf Minuten hatte ich »Kohldampf« wie ein Deutscher. Meine türkischen Adleraugen erspähten in vier Kilometern Entfernung meinen Lieblingsdönerladen.

»*Vay*, mein Stammkunde, Döner wie immer?«, fragte mich Ahmet, der Dönermann.

»Nein, Ahmet, heute will ich mal einen richtig deutschen Döner probieren«, antwortete ich und guckte mir den ganzen Laden – wie ein typischer Deutscher – kritisch an. Nachdem Ahmet mir meinen deutschen Döner, also Fladenbrot nur mit Zwiebeln, überreicht hatte, fuhr ich weiter.

Zu Hause angekommen, gab es Mittagessen. Meine Mutter kochte mir, wie immer, viele Spezialitäten aus unserem Heimatland. Aber ich aß nur das, was auch der Deutsche kennt, nämlich Tomatensuppe. Nach dem Essen schaute ich mir ein paar neue Kinofilme an. Illegal im Internet natürlich, wie ein waschechter Türke. Als Deutscher benutzte ich dafür jedoch den Computer von meinem Vater.

Meine Hausaufgaben wollte ich tatsächlich machen, wie ein vorbildlicher Deutscher. Aber ich hatte sie mir, wie ein vorbildlicher Türke, in der Schule nicht aufgeschrieben. So ging ich stattdessen, wie jeder Türke, raus zum Fußballspielen und spielte, wie jeder deutsche Jugendliche, furchtbar schlecht. Ich fühlte mich immer noch nicht wohl bei der ganzen Sache – irgendetwas fehlte noch. Deshalb ging ich in den nächsten Tierladen, um mir einen deutschen Schäferhund zu kaufen, den ich Hassan nannte. Meine Mutter war schockiert und schmiss mich, wie jede türkische Mutter, aus der Wohnung. Wir Türken dürfen nämlich weder Katzen noch Hunde halten, denn mehr als die Hälfte von uns hat Angst vor solchen Tieren. Um wieder in die Wohnung zu kommen, band ich Hassan – wie ein Deutscher – an einen Laternenmast. Mein Vater, der mir die Tür öffnete, hatte bereits bemerkt, dass ich mich anders benahm.

»Wieso führst du dich auf wie eine Kartoffel? Und wieso ziehst du deine Schuhe nicht aus, wenn du in die Wohnung kommst?«, fragte er mich und warf mir seinen berühmten strengen Blick zu.

»Ja Baba, ich bin doch jetzt ein Doppelbürger, und deshalb muss ich auch doppelt so viele Kulturen ausleben«, antwortete ich mit einem schmollenden deutschen Blick.

»Mehmet, nur weil es in deinem Pass steht, bist du nicht gezwungen, ständig alle Klischees einer Nation zu verkörpern. Leb doch so, wie du willst!«.

Dass jetzt so eine Antwort kam, hätte ich niemals erwartet. Ich war geschockt, so etwas aus dem Mund meines Vaters zu hören.

Aber vielleicht war mein Vater ja auch ein Doppelbürger?

Der Fahnenanarchist

Eines Morgens wachte ich auf und sah eine deutsche Fahne vor meinem Fenster hängen. Der Nachbar über uns hatte wieder seine Flagge rausgeholt. Kein Wunder, es stand auch ein wichtiges Fußballspiel bevor: Die deutsche Nationalmannschaft gegen die Reservemannschaft aus Paraguay.

»Endlich dürfen wir wieder unsere Fahne aufhängen«, sagte der Nachbar im Treppenhaus zu seiner Frau. Natürlich hatte er Recht. Die Deutschen durften ja nie Flagge zeigen. Ständig mussten sie neidisch auf diese türkischen Nationalisten blicken, die bei jeder Gelegenheit stolz mit ihrer Fahne angeben konnten. Wenn die Deutschen so etwas taten, dann wurden sie sofort als Nationalsozialisten abgestempelt. Doch dann kam die WM 2006, und alles hat sich geändert. Damit die Deutschen nicht unpatriotisch erschienen, mussten auch sie den ganzen anderen Nationen ihre Fahne zeigen. Als ob die Leute nicht wüssten, in welchem Land sie sich gerade befanden. Seitdem durften die Deutschen bei jeder Gelegenheit ihre Fahnen rausholen, denn sie waren ja keine Nationalsozialisten mehr, sondern nur noch stolze Nationalisten.

Die Situation vor meinem Fenster musste ich aber trotzdem klären. Daher machte ich einen auf gute Nachbarschaft: »Guten Tag Herr Schönerer. Wie ich sehe, hängt Ihre Fahne wieder?«

»Tag, Mehmet. Ja, das stimmt. Endlich dürfen wir wieder zu unserem Nationalstolz stehen, ohne gleich als Nazi beschimpft zu werden.«

»Ja, aber da gibt es ein kleines Problem. Ihre Fahne versperrt mir die Sicht aus dem Fenster.«

»Na und?«

»Ich sehe kein Tageslicht, sondern nur Tagesrot.«

»Mehmet, jetzt hab dich doch nicht so. Es ist doch nur für ein Fußballspiel.«

»Ja, aber das ist schon das zehnte Mal in diesem Jahr. Einmal haben Sie sogar Ihre Fahne rausgeholt, nur weil Helmut Kohl Geburtstag hatte.«

»Also, ich verstehe euch Türken nicht. Was gibt es denn daran auszusetzen, dass wir einmal in unserem Leben stolz auf unser Vaterland sein können? Du lebst doch auch hier, da solltest du doch auch stolz darauf sein. Aber stattdessen seid ihr stolz auf ein Land, in dem noch mit Kamelen und Frauen gehandelt wird. Aber von euch lassen wir uns nichts mehr einreden! Seit 2006 haben wir wieder das Sagen.«

Nun mischte sich auch noch seine Frau ein: »Wir stellen damit doch keine Abneigung gegenüber anderen Ländern zur Schau. Ein bisschen Nationalbewusstsein dürfen wir ja wohl alle haben.«

Ich wurde von so vielen Argumenten überrollt, dass ich gar nicht mehr wusste, auf welches ich zuerst eingehen sollte. Es entstand eine kurze Pause, bis mir wieder das ursprüngliche Problem einfiel.

»Ich kann aber nicht mehr aus dem Fenster sehen.«

»Ja, einen Tag kannst du das wohl aushalten«, sagte Frau Schönerer.

Ich gab klein bei. Mein ganzes Zimmer schimmerte rot mit einem leichten Gelbeinschlag. Alles sah aus wie im Puff. Am nächsten Tag sah ich endlich wieder das Tageslicht. Eine Woche später stand dann das Finalspiel der deutschen Eishockey-Nationalmannschaft an. Wieder rollte die Familie Schönerer die Fahne aus und versperrte mir damit die Sicht. Diesmal wollte ich es mir nicht mehr gefallen lassen. Voller Wut riss ich die Fahne ab, nahm sie mit vor die Tür und verbrannte sie vor den Augen der Nachbarn. Geschockt starrte Familie Schönerer auf die brennende Flagge.

»Soll ich euch mal was sagen? Euer Nationalstolz geht mir auf den Sack! Ständig jammert ihr rum, dass ihr keine Fahnen aufhängen dürft. Wofür auch? Sechzig Jahre lang habt ihr's prima ohne Nationalstolz ausgehalten, und nur wegen einer beschissenen Sportart wollt ihr das jetzt ändern? Habt ihr nicht gemerkt, dass das alles völlig sinnlos ist?«

»Aber ihr Türken ...«, stotterte die Nachbarin.

»Was ist mit uns Türken? Was? Was? Ich hab nicht mal erwähnt, dass ich Türke bin, aber Sie weisen ständig darauf hin. Nur weil es bei uns ein paar Hohlköpfe gibt, die stolz auf ein Land sind, das sie noch nicht mal ansatzweise kennen, muss das nicht heißen, dass das für uns alle gilt. Vor allem sollten Sie damit aufhören, diese Hohlköpfe auch noch nachzuahmen. Man sollte nicht stolz auf ein Land sein, so was trennt die Menschen nur. Jeder Mensch hat das Recht, überall auf der Welt zu leben, aber dank Ihrem tollen Nationalbewusstsein werden ständig Menschen ausgegrenzt. Und außerdem ...«

Das Fenster wurde zugeknallt. Ich konnte in Ruhe die Flagge verbrennen und danach die Aussicht aus meinem Fenster genießen. Am Abend stand dann die Polizei gemeinsam mit Herrn Schönerer vor unserer Tür. Er zeigte mit dem Finger auf mich.

»Nehmt diesen vaterlandslosen Anarchisten fest!«

Die Salzgurkenparty

Meine Mutter hatte mich in den Supermarkt gehetzt, um Salzgurken zu kaufen. Sie wollte unbedingt dieses stinkende Zeug in ihrem Salat haben. Aus irgendeinem Grund mögen Türken so was. Und wie immer gab sie mir weniger Geld, als die billigsten Gurken kosteten. Hätte ich mich beschwert, dann wäre wieder die übliche Ausrede gekommen: »In der Türkei konnte dein Vater für so viel Geld seine fünf Schwestern einen ganzen Monat lang ernähren.«

Ich kann ja nichts dafür, dass das Sozialsystem in der Türkei besser strukturiert ist, aber in Deutschland kriegt man eben für einen Euro keine Salzgurken. Also musste ich wohl mein eigenes Taschengeld dazugeben. Im Supermarkt suchte ich deshalb die billigsten Gurken, die ich finden konnte. Auch wenn das Glas hässlich war, stimmte der Preis, denn ich musste nur fünfzig Cent zuschießen. Als ich mit den Gurken zur Kasse ging, stand dort schon eine Riesenschlange. Alle warteten mit voll gepackten Einkaufswagen, aber ich hatte doch nur ein Glas Gurken. Ich guckte jeden Kunden traurig an, ob vielleicht einer Mitleid mit einem Ausländer hätte, aber keiner ließ mich vor. Also wartete ich gut eine halbe Stunde mit meinem Gurkenglas, bis ich an der Reihe war. Die ganze Zeit über stritt sich hinter mir ein Kind mit seiner Mutter, weil die Mutter sich weigerte, dem Kind Zigaretten zu kaufen.

»Aber Mama, alle meine Freunde rauchen auch.«

»Du bist doch erst vierzehn.«

»Na und? Der Tomi hat schon mit zwölf angefangen.«

Die Mutter gab nach und kaufte dem Kind eine Schachtel Marlboro. Langsam rückte ich der Kassiererin immer näher. Sie sah gar nicht mal so schlecht aus. Ihr Nullachtfünfzehn-Make-up verlieh ihrem Gesicht eine gewisse Natürlichkeit. Einen orientalischen Einschlag konnte ich auch erkennen, wahrscheinlich stammte sie aus irgendeinem Balkanstaat. Außerdem konnte sie nicht viel älter sein als ich – und sie hatte große Brüste. Irgendwie musste ich mich an sie ranmachen. Also strich ich mir kurz durch die Haare und überprüfte, ob ich Mundgeruch hatte. Ich roch keinen Knoblauch – also war alles perfekt. Sie nahm meine Ware und schob sie durch den Scanner. »Das macht eins neunundvierzig«, sagte sie, ohne mich anzugucken.

Mit einem verführerischen Blick gab ich ihr das Geld, doch ihre Augen waren überhaupt nicht auf mich gerichtet. Meine Augen dagegen auf ihren Riesenausschnitt.

»Vielen Dank, beehren Sie uns bald wieder«, bedankte sie sich bei mir.

»Aber nein, ich habe Ihnen zu danken.«

Sie war gar nicht auf meinen netten Spruch eingegangen, sondern konzentrierte sich schon wieder auf den nächsten Kunden. Unsere Beziehung durfte nicht so enden. So schnell gab ich nicht auf. Ich stehe sowieso eher auf hartnäckige Mädchen. Also ging ich nochmal einkaufen, diesmal Biosalzgurken. Sie sollte glauben, dass ich sehr auf so etwas achtete. Wieder stand eine Riesenschlange vor der Kasse, und während der Wartezeit überlegte ich mir, welchen Spruch ich diesmal ablassen konnte. Als meine Ware durch den Scanner geschoben wurde, sprach ich sie erneut an.

»Stressiger Job, was?«

»Jaja«

Irgendwie konnte ich einfach kein interessantes Gespräch anfangen, da meine Konzentration endete, sobald ich ihre Riesenbrüste sah.

»Das macht zwei neunundvierzig«, sagte sie und hielt mir wieder die Hand hin. Ich gab ihr das Geld. »Danke schön, beehren Sie uns bald wieder!«

Jetzt hatte ich schon zwei Gurkengläser und mich immer noch nicht an die Kassiererin rangemacht. Ich musste nochmal rein. Langsam kam mich das Mädchen teurer als ein Besuch im Stripclub. Wieder kaufte ich Salzgurken, diesmal etwas größere. Schließlich sollte es nicht so aussehen, als würde ich immer das Gleiche essen. Und wieder stand ich in einer langen Schlange, bis ich endlich drankam. Diesmal guckte mich die Kassiererin sogar an. Endlich.

»Sag mal, wie viele Salzgurken willst du denn heute noch kaufen?«

Auf diese Frage war ich nicht vorbereitet.

»Ehm ... ehm ... meine Freunde und ich wollen heute eine Party starten. Eine Salzgurkenparty. Wenn du willst, kannst du auch kommen!«

»Ehrlich? Ich würde schon gerne kommen, aber leider kenne ich euch überhaupt nicht.«

»Doch, doch, wir kaufen immer hier ein. Außerdem können wir uns ja dann dort kennenlernen.«

Sie lächelte mich an. Ihre wunderschönen Augen hätten mich fast von ihren noch schöneren Brüsten abgelenkt. Ich wollte unbedingt meinen Finger in ihren Ausschnitt stecken oder zumindest einen Papierschnitzel reinschmeißen, aber die Situation war doch etwas unpassend. Schließlich warteten die Leute hinter mir ungeduldig.

»Wenn du Feierabend hast, könnten wir ja noch zusammen einen Kaffee trinken gehen – wenn du magst. Dann können wir auch über die Salzgurkenparty reden.«

»Ja, sehr gerne«, antwortete sie lächelnd.

Mir fehlten die Worte. Das definitiv geilste Mädchen im ganzen Supermarkt hatte sich mit so einem schäbigen Türken wie mir verabredet. Voller Freude verließ ich den Laden und rannte sofort nach Hause, stellte die Salzgurken in den Kühlschrank, duschte und zog mich um. Der Supermarkt schloss gegen acht Uhr, aber ich wartete schon um sechs sehnsüchtig davor. Die ganze Zeit über wollte mir ihr Lächeln einfach nicht aus dem Kopf gehen. Um neun Uhr kam sie endlich raus. Ihren Kittel hatte sie noch an.

»Meinst du, ich sollte mich kurz umziehen?«

»Ach, das brauchst du nicht, dir steht alles.«

Sie lächelte mich wieder an. Gemeinsam gingen wir zum nächsten Eiscafé. Zwischendurch unterhielten wir uns über unser Leben, unsere Zukunft und all das andere Zeug, das mich überhaupt nicht interessierte. Mich interessierte nur der Blick auf ihre Brüste.

Da saß ich nun und trank einen Kaffee mit dem hübschesten Mädchen von ganz Duisburg. Wieder redeten wir über unser Leben, unsere Probleme und den anderen Kram. Plötzlich fiel ihr die Armbanduhr herunter. Das war meine Chance. Normalerweise hätte ich als Gentleman ihre Uhr natürlich aufgehoben, aber ich wollte, dass sie es selber tat, damit ich ihr tief in den Ausschnitt gucken konnte. Sie beugte sich vor, und die Aussicht war einfach grandios. Ich konnte wirklich sehr viel sehen – dann allerdings zu viel. Ich sah nämlich die Taschentücher, die sie in ihr Shirt gestopft hatte. Plötzlich kam sie mir gar nicht mehr so attraktiv vor. Eigentlich hatte sie voll die

Pferdefresse, und ihr Lachen erinnerte mich an einen stöhnenden Affen. Außerdem hatte sie zu viel Make-up drauf, und ein bisschen zu dick war sie auch. Wegen so einer Billigtussi hatte ich meinen ganzen Tag verplempert.

»Und, wann startet heute deine Salzgurkenparty?«, fragte sie auch noch frech.

»Was für eine Salzgurkenparty? Wovon redest du?«

»Na, du meintest doch, du wolltest heute eine Salzgurkenparty starten.«

»Ach, so ein Schwachsinn.«

Ich wusste gar nicht, wovon sie redete. Sie war nicht nur hässlich, sie redete auch noch dummes Zeug. Ich wartete darauf, dass sie ihren dämlichen Kaffee austrank, damit ich endlich nach Hause gehen konnte. »Kannst du mich nach Hause begleiten? Ich mag das nicht so, alleine im Dunkeln rumzulaufen«, fragte sie dreist.

»Nein.«

»Warum? Was ist denn los mit dir? Vorher hast du mich die ganze Zeit angelächelt und warst total nett, und plötzlich hast du dich völlig verändert.«

»Wenn du mich nicht so magst, wie ich bin, dann will ich nichts mit dir zu tun haben«, antwortete ich kalt.

Sie nahm ihre Tasche, stand auf und ging einfach, ohne den Kaffee zu bezahlen. Ich guckte ihr kurz hinterher. Ihr Hintern war gar nicht mal so schlecht. Er war fast perfekt geformt. Noch nie hatte ich einen so schönen Po gesehen. Warum war sie denn einfach so gegangen? Ich wollte doch nicht, dass sie geht. Eigentlich war sie ein echt hübsches Mädchen. Morgen musste ich auf jeden Fall wieder Salzgurken kaufen.

Die geile Natasha

Meine Mutter, die wohl einzige strenggläubige Mutter, die kein Kopftuch trägt, hatte mich mal wieder bestraft. Ich musste eine ganze Woche lang alle Hausarbeiten übernehmen, und das nur, weil ich wieder einmal den Korankurs geschwänzt hatte. Ich musste den Müll rausbringen, mein Zimmer aufräumen und sogar ans Telefon gehen, wenn es denn klingelte. Da konnte sie mich ja gleich umbringen! Jeden Tag musste ich zudem mindestens zwei Mal mein Zimmer bis in die letzten Ecken putzen. Meine Mutter entdeckte immer wieder Stellen, die ich übersehen hatte. Staub unter den Schränken, Dreck unter dem Teppich und Fingerabdrücke an den Türen. Manchmal kam es mir so vor, als ob sie selbst mein Zimmer schmutzig machte, nur um mich schuften zu lassen. Jeden Vormittag putzte ich also wie eine typisch türkische Hausfrau oder ein typisch deutscher Ehemann. Eines Tages, als ich mal wieder mein Zimmer aufräumte, klingelte das Telefon. Ich ging dran.

»Hey, du geile Sau«, begrüßte mich eine mir unbekannte Frau am Telefon.

»Was für Sau? Ich bin Moslem!«

»Dann halt ohne Schwein. Wie geht es dir, mein scharfer Hecht?«

»Wer ist denn überhaupt am Apparat?«, fragte ich etwas verwirrt.

»Die geile Natasha!«

»Okay, Natasha. Ich glaube, Sie haben sich verwählt.«

»Nein, das kann nicht sein. Aber deine Naivität turnt mich an, beschreib dich mal!«

»Ich soll mich beschreiben? Also, ich bin Türke, hab schwarze Haare und wunderschöne Ölaugen. Turnt Sie das immer noch an?«

»O jaaaa! Wie lang ist der Johannes?«

»Ein Meter siebzig, glaube ich. Woher kennen Sie Johannes?«

»Hä?«

»Welchen Johannes meinen Sie denn?«

Unverschämt! Sie legte einfach auf, ohne mich aufzuklären. Dieser merkwürdige Anruf machte mich neugierig. Welchen Johannes meinte sie wohl? Und wieso beschimpfte sie mich als Schwein? Den ganzen Tag lang dachte ich darüber nach, bis das Telefon erneut klingelte.

»Na, du geiler Horst!«, ertönte eine andere Frauenstimme.

»Nein, hier ist nicht Horst. Hier spricht Mehmet!«

»Mehmet? Was für ein scharfer Name. Beschreib dich mal.«

»Nein, beschreiben Sie sich doch! Langsam hab ich's satt, mich ständig zu beschreiben.«

»Nein, so geht das aber nicht. Auf der Anzeige stand klipp und klar, dass ich hier die Fragen stellen darf.«

»Verdammt, was für eine Anzeige?«

»Na, in der Städtischen Zeitung!«

Sofort legte ich den Hörer auf. Was hatte ich nur wieder angestellt? Bestimmt hatte ich im Internet irgendetwas falsch angeklickt, und jetzt riefen ständig diese merkwürdigen Frauen bei mir an. Bevor meine Eltern etwas merkten, musste ich schnell in die Redaktion der Städtischen Zeitung, um die Sache wieder geradezubiegen.

»Guten Tag, wie kann ich Ihnen weiterhelfen?«, empfing mich ein kleinwüchsiger Mann in der Anzeigenabteilung.

»Ja, ich habe folgendes Problem. Angeblich soll ich in Ihrer Zeitung eine Anzeige aufgegeben haben, und jetzt rufen mich andauernd irgendwelche Frauen an. Aber so eine Anzeige hab ich nie aufgegeben, da ist mir bestimmt ein Missgeschick im Internet passiert.«

»Nein, das kann nicht sein. Wir haben mit dem Internet nichts am Hut.«

»Ach ja, und wieso rufen diese Frauen mich dann an? Okay, ich seh echt scharf aus, aber das können die doch am Telefon gar nicht erkennen, oder?«

»Moment mal, wie lautet Ihr Name? Ich gucke dann mal in den Akten nach.«

»Akyazi«

Der Mann holte einen Ordner hervor und zeigte mir darin eine alte Zeitungsannonce.

»Geiler Türke sucht deutsche Frau. Kann am Telefon alles machen und fragen, was sie will.«

»Die Anzeige kann aber nicht von mir sein, so was hab ich noch nie gemacht, auch nicht unter Drogen.«

»Hier ist die Unterschrift.«

Ich traute meinen Augen nicht. Das war die Unterschrift meines notgeilen Vaters. Unglaublich, wie pervers diese Kanaken sind! Ständig tun sie so vernünftig und aufrichtig, dabei spielen sich in ihren Köpfen voll die widerlichen Sachen ab. Nachts träumen sie wahrscheinlich auch noch von schwarzen Lederkopftüchern oder einer Latexburka. Als Frau würde ich keinem von denen über den Weg trauen, denn wie lautet ein deutsches Sprichwort? Stille Wasser sind tief.

Dr. Donnerstag

Seit drei Tagen plagten mich gewaltige Rückenschmerzen. Zwar war ich erst sechzehn, doch mein Körper war mir schon um dreißig Jahre voraus, vor allem was die Behaarung anbelangte.

Die Rückenschmerzen erschwerten mir mein gesellschaftliches Leben. Sobald ich anfing, auch nur etwas schneller zu gehen, tat es weh. Somit konnte ich keinem Mädchen mehr hinterherlaufen, nicht mehr vor ihren Brüdern weglaufen, und wenn eines Tages zufällig ein Nazi vor mir stehen sollte, würde ich wohl ein berühmter Medienkanake werden. So was kann man sich als Ausländer nicht leisten.

Also suchte ich mir einen Arzt. Dr. Donnerstag war wie geschaffen für mich. Seine Praxis befand sich in der Innenstadt. Meine Schulkollegen gingen auch gerne dorthin, weil er immer eine Krankmeldung für die Fehlstunden schrieb, selbst dann, wenn man erst am nächsten Tag kam.

Leider war die Praxis von Dr. Donnerstag montags und dienstags geschlossen, Freitagnachmittag hatte er frei, und Mittwochs und am Wochenende haben die meisten Arztpraxen sowieso geschlossen. Deshalb musste ich mir möglichst früh einen Termin besorgen. Zum Glück hatte jemand kurzfristig abgesagt, so dass ich einen Termin in drei Monaten ergattern konnte. Bis dahin hatte ich mich schon fast an meine Rückenschmerzen gewöhnt.

»Guten Tag, ich habe einen Termin«, meldete ich mich am Empfang der Praxis.

»Wie chist hir Name?«, fragte mich die hübsche russische Arzthelferin.

»Akyazi.«

»Okay, nemen Platz in Wartezimmer.«

Ich betrat das Wartezimmer. Alle waren mit irgendetwas Wichtigem beschäftigt, so dass mich keiner beachtete. Da saß eine Frau mit der Bildzeitung in der Hand, ein älterer Mann bohrte in der Nase herum und ein anderer guckte einfach nur blöd aus dem Fenster. Ich setzte mich hin und blätterte in einer Frauenzeitschrift.

Nach einer halben Stunde hatte ich jeden Artikel schon zweimal gelesen, und keine einzige Person aus dem Wartezimmer war drangekommen.

Nach einer Stunde wurde die Frau mit der Zeitung aufgerufen. Sie durfte nun im Nebenraum warten, während ich anfing, eine Computerzeitschrift zu lesen.

Nach anderthalb Stunden wusste ich, wie ich ein eigenes Computervirus entwickeln konnte. Die Frau wartete immer noch im Nebenraum.

Nach zwei Stunden betrat Dr. Donnerstag endlich die Praxis. Er ging sich kurz umziehen und bat die russische Assistentin dabei um Hilfe.

Nach zweieinhalb Stunden begrüßte uns Dr. Donnerstag im Wartezimmer. Nach drei Stunden kam endlich die Frau im Nebenraum an die Reihe. Nach dreieinhalb Stunden war die Frau endlich fertig, und überraschenderweise kam ich als Nächster dran, obwohl die anderen beiden Männer vor mir dagewesen waren. Aber das war mir egal, sie waren nämlich immer noch mit Nasebohren und Dumm-aus-dem-Fenster-Gucken beschäftigt. Im Nebenzimmer durfte ich noch etwas warten, bis mir die russische Arzthelferin endlich einen Raum zuwies. Dr. Donnerstag kam nach einer gewissen Zeit ebenfalls herein. Ich hatte schon aufgehört, die Stunden zu zählen.

»So, was fehlt uns denn?«, fragte er.

»Freiheit und Gerechtigkeit«, antwortete ich.

»Nein, ich meine, warum bist du hier?«

»Ja, Herr Doktor. Mein Rücken tut mir weh. Immer wenn ich anfange, schneller zu gehen, schmerzt es wie verrückt.«

»Seit wann ist das so?«

»Seit ungefähr drei Monaten.«

»Warum bist du nicht früher gekommen?«

»Ich konnte nicht. Der früheste Termin war erst heute.«

»Verstehe. Und tut es auch weh, wenn du ganz normal gehst?«

»Nein.«

»Nimmst du irgendwelche Rauschmittel?«

»Nur religiöse.«

»Hast du eine längere Krankheit hinter dir?«

»Ich litt lange unter einem gewissen Narzissmus.«

»Verstehe.«

Der Arzt tippte etwas in seinen Computer.

»Dann schauen wir uns das mal genauer an.«

Er forderte mich auf, mein T-Shirt auszuziehen, mich gerade hinzustellen und den rechten Arm zu heben. Danach ließ er mich im Takt ein paar Schritte laufen.

»Körperlich bist du eigentlich ganz in Ordnung«, stellte er fest.

»Warum tut mir dann der Rücken weh?«, fragte ich verwirrt.

»Ich weiß nicht, aber wenn es nicht physisch ist, dann muss es wohl psychische Ursachen haben.«

Dr. Donnerstag empfahl mir einen guten Psychotherapeuten direkt neben seiner Praxis. Der früheste Termin, den ich dort ergattern konnte, war in einem halben Jahr. Dafür war die Atmosphäre dort eine ganz andere. Diese Praxis war irgendwie richtig gemütlich und vertrauenswürdig. Warten musste ich auch nicht lange. Meine Psychotherapeutin war eine scharfe Braut. Sie setzte sich auf einen Sessel neben einer Couch, auf die ich mich legen musste. Das kannte ich bereits aus vielen Filmen. Eigentlich hatte ich erwartet, dass sie mir irgendwelche Tintenkleckse zeigen und ich dann einen Elefanten oder meinen Vater darin erkennen würde, doch stattdessen schlug sie zunächst ihre Beine übereinander, so dass man ihr fast unter den Rock gucken konnte. Ich dachte, ich bin im Paradies. Diese Szene wiederum kam mir aus einem ganz anderen Film bekannt vor. Sie guckte mir kurz in die Augen und analysierte sofort meinen Charakter: »Du bist ein kulturell entwurzelter Mensch, der nach einer Identität sucht und sie nirgends findet. Sobald deine Persönlichkeit angegriffen wird, fühlst du dich hilflos und hast nichts in deinem Leben, woran du dich festhalten könntest. Außerdem findest du mich schrecklich attraktiv und bist gerade ziemlich erregt.«

Ich fing sofort an zu weinen. Diese Frau hatte mich mit nur zwei Sätzen völlig durchschaut.

»Was denkst du gerade?«, fragte sie mich mit sanfter Stimme.

»Ich denke, Sie sind eine Hexe!«

Ich floh heulend aus der Praxis. Dabei merkte ich, dass mein Rücken nicht mehr wehtat. Die psychologische Behandlung war ein voller Erfolg!

Das türkische Konsulat

Deutsche Eltern überraschen ihre Kinder gerne mit einem Besuch im Kino oder in einem Freizeitpark, doch mein Vater war da viel kreativer: Er fuhr die ganze Familie in ein türkisches Konsulat. Zwar besitze ich seit meiner Geburt die doppelte Staatsbürgerschaft, doch die nötigen Papiere fehlten mir noch, und mit sechzehn war ich endlich alt genug, um sie mir zu besorgen. Damit auch kein Zweifel an meiner türkischen Herkunft bestand, malte ich mir die Augenbrauen zusammen und zog nur ein Unterhemd an, so dass man meine zwei Brusthaare sehen konnte. Morgens um elf Uhr fuhren wir dann mit der gesamten Familie zum türkischen Konsulat nach Düsseldorf. Eine sechzig Meter lange Schlange voller öläugiger Türken stand vor dem Gebäude, und wir mussten uns ganz hinten anstellen. Die Familie vor uns entsprach genau meinem Bild einer typisch türkischen Familie: Der Vater war nirgendwo zu sehen, die Kinder heulten ohne Grund, und die Mutter schlug die Kinder, damit sie endlich Ruhe gaben, was nur dazu führte, dass die noch lauter heulten. Die ganze Zeit musste ich mir diese elende Streiterei der Familie anhören, die zum Glück etwas abwechslungsreicher wurde, als kurze Zeit später doch noch der Vater auftauchte, denn jetzt schlugen die Kinder ihn, während plötzlich die Mutter verschwunden war. Als wir nach zwei Stunden endlich an die Reihe kamen, wurde ich erst mal gründlich und bis unter die Boxershorts kontrolliert, ob ich Waffen dabei hätte. Ich hatte keine Ahnung, wieso die Leute Waffen mit ins Konsulat nehmen sollten, aber bestimmt hatten die Türken hier viele Vorurteile gegenüber ihren eigenen Landsleuten. Dann musste ich eine Nummer ziehen: »748«. Nach einem Blick auf die Anzeigetafel hielt ich es für ratsam, mir einen Platz auf einer der Holzbänke zu sichern. Bis ich an die Reihe kam, waren meine Augenbrauen sicher schon von selbst zusammengewachsen. Ich saß also im Wartezimmer, das gleichzeitig auch Küche und Büro war, und neben mir saß eine halbwegs attraktive junge Türkin mit ihrem Vater. Der hatte einen Schnauzbart, seine Hose in die Socken gesteckt und auch noch ein dreckiges Unterhemd an, das seine massive Goldkette nicht verdecken konnte. Vor solchen Türken sollte man sich fürchten, denn die sind die gefährlichsten überhaupt. Nach einer sehr langen Wartezeit ohne nennenswerte Fortschritte war mir so langweilig, dass ich kurz einnickte. So was passierte mir sonst nur bei einem Heimspiel des MSV Duisburg.

»Ey du, runter von meiner Tochter!«, brüllte mich plötzlich der Vater des Mädchens an. Ich riss die Augen auf und war ziemlich geschockt, als ich merkte, dass mein Gesicht auf dem Schoß des Mädchens lag.

»Es ist nicht so, wie es aussieht«, sagte ich zu dem Vater, der schon die Fäuste bereithielt. Um die Familie zu beruhigen, fügte ich noch hinzu: »Ihre Tochter ist ja nicht mal mein Typ, ich steh nur auf Deutsche.«

»Ach, dann findest du also irgendwelche Birgits und Helgas hübscher als meine Tochter?«, fragte er mich mit einem erstaunten Blick. Die Tochter fing aus Wut an zu weinen.

»Das habe ich gar nicht gesagt, Ihre Tochter ist bestimmt hübscher als viele Helgas und Birgits«, sagte ich und versuchte so, die Situation noch zu retten.

»Also hast du dich doch an meine Tochter rangemacht«, sagte er zu mir, wieder mit erhobenen Fäusten. Mir fehlten die Worte. Plötzlich sah ich meinen Vater auf der anderen Seite des Wartesaals. Vielleicht konnte er mir ja helfen. Ich lief zu ihm. Der Vater des Mädchens wollte mich noch aufhalten, doch ich war zu schnell.

»Baba, ich werde niemals eine Türkin heiraten«, sagte ich erschöpft zu meinem Vater, der sofort die passende Antwort parat hatte:

»Mein Enkelkind wird nicht Hans oder Karl heißen!«

Der aggressive Vater kam nun auf uns zu.

»Ist das Ihr Sohn?«, fragte er meinen Vater, und auf einmal wurde es ganz ruhig im Konsulat. Alle Türken, egal ob jung oder alt, waren ausnahmsweise einmal still, um unserem Gespräch zuzuhören.

»Seine Mutter ist zumindest davon überzeugt, dass ich sein Vater bin«, antwortete mein Vater und guckte mich dabei noch mal gründlich an, wie um zu prüfen, ob auch wirklich eine gewisse Ähnlichkeit zwischen uns beiden herrschte.

»Ihr Sohn hat sich an meine Tochter rangemacht.«

»Waaaaas? Das kann nicht sein. Nicht mein Sohn!«

»Doch, ich hab ihn auf dem Schoß meiner armen Tochter erwischt!«

Alle Beteiligten taten so, als wär das eine absolute Katastrophe. Die brauchten mir aber gar nichts vorzumachen, denn ich bin mir sicher, dass die meisten türkischen Mädchen noch unanständiger sind als deutsche Mädchen, ja sogar als türkische Jungs! Mein Vater war über diese Anschuldigung ganz schockiert und schwieg lange.

»Mehmet? Wenn das deine Mutter hört!«

»Aber Baba ...«, wollte ich mich verteidigen.

»Nichts aber. Ich hätte ja nie von dir erwartet, dass du endlich Interesse an einem türkischen Mädchen zeigst. Mein Sohn, ich bin so stolz auf dich!«

Er klopfte mir dabei väterlich auf die Schulter. So eine Antwort hatte keiner erwartet. Mir fehlten die Worte.

»Sie reden da über meine Tochter!«

Jetzt stand auch noch die Mutter des Mädchens in ihrer Burka auf.

»Das ist mir egal«, fuhr mein Vater fort. »Mein Sohn hat endlich Interesse für das richtige Geschlecht und auch noch die richtige Nationalität gezeigt. Wenn Sie wollen, können wir die beiden verkuppeln«, bot mein Vater der Familie dann auch noch an.

»Waaaas? Wo sind wir denn hier? Keine Angst, Sie und Ihr Junge sind ganz bestimmt verwandt, ihr seid ja beide gestört!«, schrie der empörte Vater des Mädchens und verschwand dann mit seiner Familie aus dem Konsulat. Die Leute im Raum wussten nicht, was sie sagen sollten, also blieb es auch noch für den Rest des Tages still im Wartezimmer. Nach weiteren drei Stunden kam ich endlich an die Reihe. Nun wusste ich auch, wieso die uns am Eingang auf Waffen kontrolliert hatten. Nach so einer langen Wartezeit hätte ich am liebsten irgendjemanden im Konsulat umgelegt. Ich ging also so schnell wie möglich gemeinsam mit meinem Vater zu dem Beamten hinter der Glasscheibe. Dort bekam ich ein paar Papiere, die ich dann einem anderen Beamten geben musste, der mich wiederum mit anderen Papieren zum nächsten Beamten schickte, der mich dann wiederum mit einem Kaffee zum ersten Beamten zurückschickte, der mir dann gegen eine Gebühr von zweihundert Euro auch meinen Ausweis gab – und zwar mit dem Hinweis, dass ich in zwei Monaten wegen meinem Militärdienst weitere Papiere ausfüllen müsste. Ich hoffe, bis dahin bin ich dann tot …

Der Bruder, der Vater und das Kopftuch

Es gibt drei Gründe, warum ich nichts mit türkischen Mädchen anfangen sollte: Der Bruder, der Vater und das Kopftuch. Aber viele türkische Mädchen sind total scharf auf Jungs. Sie wollen Jungs, so viele wie möglich und so schnell wie möglich, damit sie sich mit den deutschen Mädchen messen können. Dass sie so scharf auf Jungs sind, finde ich gar nicht mal so schlimm, aber wenn mich dann der Bruder oder der Vater verprügeln, sieht die Sache natürlich ganz anders aus.

Alles begann in der Straßenbahn. Ich stieg ein und setzte mich auf den erstbesten freien Platz. Direkt neben mir war noch einer frei. Mir gegenüber saß ein türkisches Mädchen und aß Sonnenblumenkerne. Sie knackte und spuckte und versaute dabei die ganze Bahn. Aber irgendwie hatte sie wohl Gefallen an mir gefunden. Die ganze Zeit guckte sie nämlich zu mir rüber, versuchte mit ihrem Handy per Bluetooth Kontakt aufzunehmen und bewarf mich sogar mit einigen Sonnenblumenkernen. Aber ich blieb hart. Türkische Mädchen sind nichts für mich. Immer trugen die irgendwelche Probleme mit sich herum; außerdem verschmutzten sie meine Umwelt. Das Mädchen ließ aber nicht locker:

»Ey du, guckst du rüber«, flüsterte sie mir zu.

Trotz ihres verführerischen Akzents blieb ich weiterhin stur.

»Ey, hast du MSN?«

Ihre Anmachtechniken wurden immer raffinierter.

»Ich spiel auch Fußball.«

Reflexartig schaute ich zu ihr rüber. Ich kann einfach nicht widerstehen, wenn ein Mädchen sportlich aktiv ist, vor allem im Bereich Fußball. Sie sah gar nicht mal so schlecht aus, hatte lange schwarze Haare und braune Augen. Außerdem trug sie Klamotten, bei denen man halbwegs was von ihrer Figur erkennen konnte.

»Wie heißt du?«, fragte sie mich und rückte mir immer näher auf die Pelle.

»Mehmet, und du?«

»Sebnem.«

Was für ein Scheißname, dachte ich.

Sie setzte sich jetzt direkt auf den leeren Platz neben mir. Es hatte keinen Zweck, das Mädchen wollte mich wohl unbedingt. Aber was war mit ihrem Bruder? Und wenn sie keinen Bruder hatte, dann würde mich wahrscheinlich ihr Vater umbringen! Warum machen türkische Mädchen einem das Leben immer so schwer?

»Was ist eigentlich mit deinem Vater? Ist der nicht streng?«, fragte ich nervös.

»Nein, das isser nicht ... Meine Eltern sind geschieden, *ya*. Ich bleib meistens bei meiner Muddi.«

Die erste Frage hatte sie mit Bravour bestanden. Ich wurde etwas ruhiger, vielleicht wurde ja wirklich was aus uns beiden. Aber ich kenne mich mit türkischen Familien aus: Da gibt es keine Einzelkinder. Also musste ich ihr meine zweite Frage stellen:

»Und, hast du irgendwelche Brüder?«

»Nein, ich bin allein. Als meine Eltern sahen, was sie da gezeugt haben, hatten sie keinen Bock mehr und ließen sich scheiden.«

Mein Allah, so was war doch so gut wie unmöglich! Das

Mädchen war wie geschaffen für mich. Zum ersten Mal konnte ich eine Beziehung mit einem türkischen Mädchen genießen, ohne Ärger zu bekommen. Aber einer meiner drei Gründe, warum türkische Mädchen nichts für mich sind, war noch nicht geklärt.

»Warum trägst du eigentlich kein Kopftuch?«

Plötzlich gab sie mir eine heftige Ohrfeige. Mein Gesicht knallte gegen die Fensterscheibe. »Was soll das?«, fragte ich und hielt mir die Wange.

»Ihr Türken seid doch alle gleich. Ihr könnt's einfach nicht ertragen, wenn wir unsere Freiheit haben. Nur weil ich kein Kopftuch trage, findest du mich nicht gut genug? Aber ich werd dir eins sagen: Ich werde niemals so ein Ding über meinen Kopf ziehen. Wir Frauen haben auch unsere Rechte, ich will meine Schönheit zeigen, und die Haare gehören einfach dazu! Das hat nichts mit Religion zu tun. Ihr lasst uns nur Kopftücher tragen, damit wir nicht von anderen Männern angebaggert werden. Ich hasse so Typen wie dich, denn wegen euch kommt es den anderen so vor, als ob wir zurückgeblieben wären. Hau bloß ab, du Dorftürke du!« Wütend verpasste sie mir noch eine osmanische Ohrfeige auf die andere Seite und stieg aus. Eine einzige dämliche Frage hatte die ganze Sache versaut. Aber ich wusste jetzt, was ich falsch gemacht hatte. Als ich erwähnte, es gäbe nur drei Gründe, warum man sich nicht an türkische Mädchen ranmachen sollte, habe ich was vergessen. Es gibt nämlich vier: Der Bruder, der Vater, das Kopftuch und die Aggressivität dieser Mädchen.

I'm nix spiking German

Sonne, Strand und Meer. So stellen sich die Deutschen einen Urlaub in der Türkei vor. Mit ihren Kindern fliegen sie gerne in das Land, dessen Volk sie am wenigsten leiden können. Und gerade deswegen verderben mir die Deutschen meinen Urlaub. Ich fliege in die Türkei, um mal aus Deutschland rauszukommen, und wen sehe ich da? Übergewichtige Deutsche, die sich auf WM-2006-Badetüchern herumwälzen. Auch diesen Sommer war es wieder soweit. Ich flog mit meiner Familie in das schönste Land auf dem asiatischen Kontinent. Am Flughafen von Antalya drängelten sich schon die ganzen anderen Nationalitäten, mit denen ich zwangsläufig meinen Urlaub verbringen musste: Deutsche, Russen und ein paar Polen. Das 4-Sterne-Hotel in Antalya war sehr schön. Es erinnerte an ein Studentenheim, wie auch die Menschen dort: jede Menge besoffene Leute, die sich vom Personal in ihre Zimmer schleppen ließen. Mein Zimmer lag direkt neben dem meiner Eltern. Es hatte alles, was ich brauchte, sogar einen Fernseher mit deutschen Sendern. Manchmal fragte ich mich, in welchem Land ich mich gerade aufhielt. Als ich ausgepackt hatte, erkundete ich in meiner pinkfarbenen Badehose und einem Che-Guevara-T-Shirt den Rest des Hotels. Ich entdeckte einen Pool, so groß wie ein Fußballfeld, einen Garten, so düster wie ein Wald, und eine Frau, so dick wie ein Zeppelin. Die Frau lag auf einem Liegestuhl am Pool. Ihre gewaltigen Speckrollen verabschiedeten sich langsam von ihrem Bikini, und ihre Beine waren so behaart wie die meines Vaters. Als ich an ihr vorbeiging, sprach sie mich auf Deutsch an:

»Ey du, bring mir 'ne Cola!"

»Hm?«

»Bring mir 'ne Cola, *lütfen*!«

»Schuldigung, I'm nix spiking German.«

»Bring me a Cola«, versuchte sie es jetzt auf Englisch.

»Mein Gott, holen Sie sich Ihre verdammte Cola doch selbst, Sie fette Kuh!«

»Was ist das denn für ein unfreundliches Personal hier? Reden Sie mit Ihren Kunden immer so?«

»Ich arbeite nicht hier, ich mach Urlaub.«

Die Frau guckte verblüfft.

»Und was ist jetzt mit meiner Cola?«

Ich verdrehte die Augen und ging weiter. Die Zeit im Hotel war sehr schön. Russische Mädchen bräunten sich am Pool, die deutschen Mädchen waren meistens in meinem Zimmer, die polnischen Mädchen habe ich nie gesehen. Eines Tages stand die fette Frau vor meiner Tür.

»Ich krieg meine Zimmertür nicht auf, können Sie mir helfen?«

»Verdammt, was wollen Sie eigentlich von mir? Ich arbeite doch gar nicht hier!«

»Warum sind Sie immer so unfreundlich zu mir? Helfen Sie mir doch bei meiner Tür, ich komm nicht mehr in mein Zimmer.« Die Frau fing an zu schmollen. Ich gab auf, und sie führte mich zu ihrer Zimmertür.

»Ich hab meine Schlüssel drin liegen lassen.« Sie demonstrierte mir, dass die Tür wirklich verschlossen war. Ich versuchte, die Tür mit einer Kreditkarte zu öffnen, aber es klappte nicht. Mehrmals trat ich dagegen, doch sie war zu robust.

»Kannst du nicht durchs Fenster reinklettern? Der Balkon ist ja ziemlich tief«, schlug die Frau vor.

Ich lief nach hinten, kletterte am Geländer hoch und auf den Balkon. Das Fenster stand zum Glück offen, und von innen öffnete ich der Frau. Sie trat ein, bedankte sich bei mir und steckte einen Zehn-Euro-Schein in meine Hosentasche.

»Siehst du, es geht auch freundlicher«, sagte sie.

Zwei Stunden später parkten ein paar Streifenwagen vor dem Hotel. Die Polizisten unterhielten sich mit den Hotelbesuchern. Neugierig ging ich zu einem Beamten, der sich in seinem Streifenwagen langweilte.

»Guten Tag, was ist denn hier passiert?«, fragte ich auf Türkisch.

»Irgendein Typ ist in das Zimmer einer polnischen Familie eingebrochen. Die Balkontür war offen, der Halunke ist einfach reingeklettert. Hat Schmuck, Geld und sogar was zu essen geklaut. Sag den Gästen Bescheid, dass sie zukünftig besser aufpassen müssen. Schließt am besten immer eure Türen ab. Mit so einer Einstellung kommen wir ja nie in die EU.« Mir fehlten die Worte. Die Frau hatte mich glatt ausgetrickst. Wusste ich's doch: Die Deutschen sind daran schuld, dass wir nicht in die EU kommen ...

Liebe deinen Ausländer

Heute sollte ich Herrn und Frau Müller besuchen, die Eltern meiner deutschen Freundin Birgit. Seit gestern war ich mit Birgit zusammen, und wir waren schon sehr verliebt. Sie mochte mich, und ich mochte sie. Für eine romantische Liebe unter Jugendlichen in Deutschland reichte das vollkommen aus. Trotzdem war mir noch nicht ganz klar, wieso ein deutsches Mädchen wie sie auf mich stand. Wir unterschieden uns nämlich in so ziemlich jedem Detail: Sie war blond, blauäugig und groß, ich dagegen hatte schwarze Haare, braune Augen und war für mein Alter sehr klein. Die üblichen Klischees eben. Entweder litt sie gerade einfach nur unter einer Geschmacksverirrung, wie das ja manchmal in der Pubertät vorkommen soll, oder ich war einfach zu charismatisch. Zumindest die erste Annahme klang noch einigermaßen realistisch. Nun also sollte ich ihre Eltern kennenlernen, damit ich auch von ihnen akzeptiert und anschließend in die Familie integriert werden konnte. Ich holte also meinen besten Anzug aus dem Schrank, putzte mir ausnahmsweise mittags die Zähne und schmierte mir viel Gel ins Haar. Richtig schick sah ich aus, was sonst nur bei türkischen Hochzeiten oder deutschen Beerdigungen der Fall ist. Mein Vater, der seinem Sohn bereits seit dessen Geburt nicht mehr über den Weg traute, fragte natürlich sofort, wo ich hin wollte. Ich musste mir etwas einfallen lassen, damit ich so lange wie möglich bei Birgit bleiben durfte:

»Wir protestieren gegen gottlose Christen, Baba«, log ich. Das war eine meiner besten Nummern.

»Ja, das ist mein Sohn!!!«, rief er mir begeistert zu.

Zum Glück hatte er in seiner Freude nicht bemerkt, dass ich seltsamerweise in meinem besten Anzug zu einer Demonstration gehen wollte. Nur eine Stunde später als vereinbart erreichte ich dann die Wohnung von Birgits Familie. Ich klingelte bei Müller, und die Mutter öffnete mir. »Nein, wir wollen nichts kaufen, danke schön!«, schrie sie mich an und knallte mir die Tür wieder vor der Nase zu. Wie erstarrt stand ich auf der Treppe und schellte dann nach einer kurzen Atempause noch einmal.

»Schon wieder du?«, fragte sie mich genervt.

»Ja, ist denn die Birgit nicht zu Hause?«

»Doch, wieso fragst du?«

»Ich bin ihr Freund.«

»Birgit, wieso hast du uns nicht gesagt, dass dein Freund ein Kanake ist?«, schrie sie plötzlich durch die ganze Wohnung.

»Aber, Mama, sag doch nicht so was!«, schrie Birgit zurück.

»Naja, so schlecht sieht er ja nicht aus.« Zum ersten Mal in meinem Leben hörte ich ein Kompliment von einer deutschen Frau über zwanzig. Da musste ich einfach gut kontern:

»Danke schön, und für eine deutsche Frau haben sie ziemlich wenig Falten.«

»Komm rein, bevor du hier noch zum Komiker wirst«.

Kaum war ich drinnen, hatte ich schon diesen typisch deutschen Zimtgeruch in der Nase. In türkischen Wohnungen roch es immer nach Knoblauch, und in deutschen Wohnungen roch es nach Zimt. Da merkt man, wie verschieden unsere Kulturen doch sind. Außerdem hingen überall Bilder von Schiffen, Fischen und nackten Meerjungfrauen.

»Sind Sie Seemann?«, fragte ich die Mutter neugierig.

»Hör mal Junge, langsam hab ich deine Witze satt«, schimpfte sie.

Sie führte mich in das Wohnzimmer, wo der Vater rauchend vor dem Fernseher saß. Mit der Bierflasche in der einen und der Kippe in der anderen Hand sah er mich von oben bis unten an.

»Was will der denn hier? Ich hab euch doch gesagt, ihr sollt von diesen Typen nichts kaufen.«

»Das ist der neue Freund von der Birgit«, klärte die Mutter ihn auf.

»Was? Der Freund von der Birgit? Unser Mädchen hat aber eine blühende Fantasie. Das hat sie bestimmt von dir. Naja, wie heißt du denn, Junge?«

»Ich heiße Mehmet, mein Herr«, antwortete ich brav und verbeugte mich auch dabei.

»Ha, ha. Witzig ist er auch noch«, bemerkte der Vater ironisch und die Mutter stimmte ihm nickend zu. Eine ganze Weile saß ich allein mit Birgits Eltern im Wohnzimmer, und wir guckten uns schweigend eine Soap im Fernsehen an. Es war eine von diesen typisch deutschen Serien, die man sich anguckt, damit man von seinen eigenen Problemen abgelenkt wird, denn die Leute dort sind meistens noch asozialer als man selbst. Die ganze Zeit musste ich mir ansehen, wie ein hübsches Mädchen ihre Zunge in den Hals eines Mutanten steckte. Der Mutant war noch dazu ihr eigener Lehrer. Ganz davon zu schweigen, dass die deutsche Schauspielkunst wieder einmal so anregend war wie die Rückenhaare meines Vaters, verstand ich den Grund für diese Liebesbeziehung nicht. Der Kerl war weder reich noch attraktiv, und dazu war er auch noch ihr

Lehrer! Was konnte Sie an dem so toll finden? Die sollte mich mal kennenlernen. Aber ich befürchte, deutsche Frauen stehen eher auf die hässlichen Kerle, oder sie finden halt keinen Türken, der anständig Deutsch spricht. Vor lauter Langeweile über diese wortlose Fernsehstarrerei nahm ich mir eine Boulevardzeitung vom Tisch. Eigentlich wollte ich den einzigen Teil lesen, der noch halbwegs unparteiisch ist, nämlich den mit den nackten Frauen. Aber irgendwie zog mich folgende Überschrift an: »Türken können sich nicht integrieren!«

So stand es ganz groß auf der Titelseite. Ausnahmsweise gab ich der Zeitung Recht. Wie sollen wir uns denn integrieren, wenn uns die Deutschen das Leben so schwer machen? Die müssen sich schon zusammenreißen. Schließlich kam Birgit herein und bat mich, mit ihr mitzukommen.

»Aber nicht, dass ihr mir da oben rumvögelt!«, rief uns der Vater beim Hinaufgehen hinterher. Als wir in ihrem Zimmer waren, hatte Birgit auch irgendwie überhaupt keine Lust dazu. Sie telefonierte die ganze Zeit mit ihren Freundinnen und erzählte ihnen, dass ich bei ihr war. Währenddessen durfte ich im Internet surfen. Nachdem Birgit auch noch Helga, die letzte Freundin, angerufen hatte, nahm sie sich endlich Zeit für mich.

»Und, was machen wir jetzt?«, fragte sie mich. Ich verstand nicht, ob sie mich anbaggern wollte, jedoch berührte sie sanft meine Hand. In dem Moment war ich total scharf auf sie.

»Schiffe versenken?«, schlug ich vor und grinste dabei ganz schmutzig. Birgit ging an ihren Schrank und holte dann tatsächlich Blatt und Stift raus. Wir spielten also eine Runde Schiffe versenken, wobei ich eigentlich an etwas ganz anderes gedacht hatte. Wir waren noch nicht weit gekommen, als die Mutter von unten schrie. »Essssssseenn!!!!“

Sie schrie so laut, dass selbst die Nachbarn Hunger bekommen mussten. Also ging ich mit Birgit in die Küche. Auf dem Tisch standen leere Suppenteller und ein verdorbener Salat.

»Das sieht aber lecker aus«, meinte ich ironisch, aber irgendwie verstand man hier keinen Spaß.

»Zuerst beten wir«, sagte der Vater und forderte mich auf, seine dreckige Hand anzufassen.

»Es tut mir leid, aber ich bin Moslem. Wir dürfen nicht mit Christen zusammen beten.«

»Eure Religion finde ich sowieso schwachsinnig. Ihr dürft kein Schweinefleisch essen, ihr müsst Kopftücher tragen, und ihr lasst euch auch noch beschneiden.«

»Ach ja, unsere Religion soll schwachsinnig sein? Wessen Mutter war denn Jungfrau und schwanger zugleich?«, zischte ich zurück.

»Dir ist aber schon bewusst, dass der Islam die jungfräuliche Geburt Marias ebenfalls akzeptiert?«, bemerkte der Vater streberhaft.

»Scheiße, der weiß ja mehr als ich«, dachte ich. Ich hatte ganz vergessen, dass Birgits Vater arbeitsloser Theologe war. Nun stand ich da wie ein Volltrottel. Der Vater hatte mich voll gedisst.

»Ach, eigentlich bin ich Atheist«, sagte ich, um mich aus dieser peinlichen Situation zu retten, doch anscheinend hatte ich meine Chancen vergeben. An den Blicken der Eltern konnte ich erkennen, dass sie mich nicht mehr ernst nahmen. Wie ein dummer Türke stand ich da, der keine Ahnung von seiner eigenen Religion hat.

»Und nun beginnen wir unser Gebet. Oh, Gott, von dem wir alles haben, wir preisen dich für deine Gaben. Du speisest uns, weil du uns liebst, o segne auch, was du uns gibst, auch die Türken. Amen.«

»Amen.« Da stimmte ich voll und ganz zu, vor allem dem Teil mit den Türken. Jeder bekam ein bisschen Tomatensuppe. Eigentlich hatte ich keinen großen Hunger, verschlang aber meine Suppe trotzdem sehr schnell. Nachdem mein Teller leer war, guckte ich erwartungsvoll Birgits Mutter an, damit sie mir den nächsten Gang servierte.

»Wie? Hast du immer noch nicht genug?«, fragte sie und gab mir noch einen Teller voll Suppe.

Nach dem Essen durfte ich endlich gehen, und Birgit begleitete mich mit ihrer Mutter zur Tür.

»Mehmet. Es war eine schöne Zeit mit dir, aber nun müssen sich unsere Wege trennen.«

»Ja, ist nicht schlimm. Wir sehen uns ja morgen in der Schule.«

»Du hast mich falsch verstanden. Irgendwie empfinde ich nichts mehr für dich, also für unsere Beziehung.«

»Wie? Wir sind doch erst seit einem Tag zusammen?!«

»Ja, sei froh. Den armen Vladimir hat sie schon nach vier Stunden verlassen«, mischte sich die Mutter ein.

»Wer ist Vladimir? Warum willst du dich so schnell von mir trennen? Mein Allah, wir haben ja noch nicht mal das echte Schiffe versenken gespielt!«

»Ich will ehrlich zu dir sein, Memo. Meine Freundinnen und ich haben eine Wette laufen. Diejenige, die die meisten ausländischen Freunde in einem Monat hat, gewinnt hundert Euro. Und jetzt nerv uns nicht!«

Die Mutter knallte mir wieder die Tür vor der Nase zu, und so stand ich nun da, mit halbvollem Magen und einem gebrochenen Herzen. O Allah, die deutschen Mädchen sind auch nicht mehr das, was sie einmal waren. Wie soll ich mich da integrieren?

Türkische Namen sind halt was Kreatives

»Sag mal, Mehmet, wie alt bist du jetzt eigentlich?«, fragte mich mein Vater eines Tages.

»Ich glaube, sechzehn, falls du mein Geburtsdatum nicht falsch eingetragen hast.«

»Doch, das müsste schon richtig sein. Im gleichen Jahr hab ich ja deine Mutter geheiratet. Dann wird es Zeit für deinen Personalausweis, so kommen wir im Urlaub leichter über die serbische Grenze. Die suchen ja förmlich nach Gründen, um uns nicht rüberzulassen. Geh schon mal zum Bezirksamt und gib denen deine Daten für den Pass, ich muss ja erst später unterschreiben.«

Ohne Widerrede machte ich mich auf den Weg. Was mit Leuten passiert, die nicht über die serbische Grenze kommen, hatte ich leider schon selbst miterlebt. Sie durften noch nicht mal die Toiletten auf der anderen Seite benutzen. Viele Türken leiden deswegen heute noch an einem Trauma. Das Bezirksamt befand sich gleich in der Nähe. Ich hatte mich schon immer darüber gewundert, dass nie besonders viele Personen auf einmal im Amt warteten. Es ist das Gegenteil von einem türkischen Amt. Die Beamten saßen einsam auf ihren Stühlen, und einer von ihnen winkte sogar zu mir herüber, aber ich setzte mich doch lieber auf den nächsten leeren Stuhl. Eine Frau im Anzug saß vor mir und tippte etwas in ihren Computer. Sie guckte mich zornig an: »Wir nix verkaufen Asyl!«

»Hä?«

»Kann mir mal einer helfen? Dieser Ausländer versteht ja noch nicht mal gebrochen Deutsch.«

»Doch, doch, ich kann gebrochen Deutsch.«

»Dann ist ja gut. Was ist dein Problem?«, fragte sie mich genervt.

»Ich wollte meinen Personalausweis beantragen.«

Ich gab ihr die Papiere, die mir mein Vater mitgegeben hatte. Sie schaute sich alles an, drehte sich dann zu ihrem Computer um und tippte etwas. Dann begann sie mir Fragen zu stellen:

»Name?«

»Mehmet Akyazi.«

»Nachname?«

» ... auch Akyazi?«

»Junger Mann, du heißt doch nicht ernsthaft Mehmet Akyazi Akyazi?«

»Nein, mir ist ein Fehler unterlaufen. Ich heiße mit Vornamen Mehmet und mit Nachnamen Akyazi.«

Die Frau schüttelte den Kopf. »Es ist doch immer das Gleiche mit euch Jugendlichen. Was heißt das denn überhaupt?«

»Auf Deutsch?«

»Ja, natürlich.«

»Auf Deutsch bedeutet es ›Reine Schrift‹. Manchmal denke ich, das ist ein schöner Name, um Schriftsteller zu werden, finden Sie nicht auch?«

»Jaja.« Sie fragte weiter: »Geburtstag?«

»7. Mai 1992.«

»Geburtsort?«

»Duisburg, aber meine Eltern kommen aus Ordu in der Türkei.«

Dann tippte sie weiter, ohne mich überhaupt anzusehen. »Haarfarbe ist schwarz, Augenfarbe ist braun, und Größe ist nicht mehr als 1,60 m. Immer das Gleiche«, flüsterte sie dabei.

»Jetzt brauche ich die Namen deiner Eltern. Also, wie heißt deine leibliche Mutter?«

»Dilek.«

»Und dein leiblicher Vater?«

»Cihan, aber ob er leiblich ist, weiß ich nicht.«

»Wie?«

»Ja, er meint immer, dass wir unmöglich verwandt sein können.«

»Ich wollte, dass du mir seinen Namen sagst und nicht eure ganze Lebensgeschichte erzählst.«

»Ach so, mein Vater heißt Cihan.«

»Was ist das denn?«

»Also, übersetzt heißt das ›Weltall‹.«

»Was? Wie kann man denn Weltall heißen?«

»Weiß ich auch nicht, ist halt türkisch.«

Leicht verwundert tippte die Frau den Namen ein. Nachdem alles fertig war, sollte ich am nächsten Tag gemeinsam mit meinen Eltern erscheinen, um alles zu unterschreiben.

Mein Vater sah entsetzt auf das Dokument.

»Was soll das denn?«, fragte er mit großen Augen.

Ich schaute mir das Dokument ebenfalls an. Der Frau waren wohl beim Schreiben ein paar Fehler unterlaufen:

Name: Memed
Nachname: Reine Schrift
Geburtstag: 07.05.1992
Geburtsort: Duisburg (aber seine Eltern kommen aus Ordu)
Haarfarbe: Pechschwarz
Augenfarbe: Kackbraun

Größe: Nicht mehr als 1,60 m
Mutter: Dylek Reine Schrift
Vater: Weltall Reine Schrift

»Du missratener Sohn, kriegst du überhaupt was auf die Reihe? Ich wusste es ja schon immer: Eine Verwandtschaft zwischen uns beiden ist einfach unmöglich!«, meckerte mein Vater.

Zum Glück hatte ich der Frau nicht auch noch den Namen meiner Mutter übersetzt, sonst würde da »Wünsche reine Schrift« stehen. Türkische Namen sind halt was Kreatives.

Die Mathearbeit

»Mehmet, um wie viel Uhr hast du eigentlich heute Schule?«, weckte mich mein Vater morgens aus meinen schönen Träumen.

»Um 8.00 Uhr beginnt die erste Stunde«, antwortete ich noch ziemlich schlaftrunken.

»Oh, gut, dann bist du ja nur zwanzig Minuten zu spät.«

Ich sprang aus dem Bett. Mein Herz raste wie verrückt, und mein ganzer Körper begann zu schwitzen. Eigentlich durfte ich heute nicht zu spät kommen, denn es war die letzte Unterrichtsstunde vor der bevorstehenden Klassenarbeit in Mathe. Schnell zog ich mir ein paar Klamotten an, schmierte mir ganz viel Gel ins Haar und putzte nebenbei auch noch meine Zähne. Manchmal verwechselte ich in der Eile sogar die Zahnpasta mit dem Gel, trotzdem kam aber immer wieder dasselbe Ergebnis heraus: Die Haare standen bombenfest und der Mund stank nicht mehr. Schnell die Kopfhörer in die Ohren gestöpselt, und schon rannte ich zur Straßenbahnhaltestelle. Die Bahn war wieder einmal so unpünktlich wie ich. In der Schule angekommen, betrat ich erschöpft das Klassenzimmer. Die ganze Klasse war vollzählig, nur ich war wieder einmal das schwarze Schaf.

»Oh, wen haben wir denn da? Mehmet, in unserer Kultur legen wir großen Wert auf Pünktlichkeit«, sagte der Lehrer.

»Und in unserer Kultur legen wir großen Wert auf Gastfreundlichkeit«, konterte ich.

»Setz dich einfach hin, ich hab deine Sprüche langsam satt.«

Ich setzte mich auf meinen Stuhl, direkt neben meinen Freund Alexandros. Alexandros war ein Grieche, wie er im Buche steht. Er hatte schwarze Haare, braune Augen und überall Locken, selbst auf seinen Armen. Er gehörte zu meinen Lieblingskollegen, vor allem weil er so gut in Philosophie und Mathe war. Der Lehrer erklärte uns gerade, wie wir die Gleichung einer empirischen Regressionsgeraden zu berechnen hatten. Bei diesem Thema hatte ich null Ahnung. Alexandros verstand alles, aber ich konnte gar nichts, geschweige denn verstehen, wozu man so was überhaupt braucht. Ich wusste weder, was empirisch, noch was Regression bedeutet. Außerdem waren da noch viele andere Wörter, die ich nicht kannte, wie zum Beispiel Korrelationskoeffizient, Kovarianz oder quadratische Abweichung. Und das Beste war: In zwei Tagen schrieben wir eine Klassenarbeit darüber! Früher war Mathe ja mal eines der wenigen Fächer gewesen, in denen die türkischen Gastarbeiterkinder noch gute Noten kriegen konnten, aber jetzt, wo die Deutschen selbst dieses Fach mit ihrer komplexen Sprache überrollt hatten, konnte ich schon die Aufgabenstellung nicht verstehen. Der Lehrer hatte mich sowieso auf dem Kieker, und wenn ich die Klassenarbeit verhaute, würde ich zu Hause einen Riesenärger bekommen: »Was? Du hast eine 4, 5 oder 6 in Mathe? Du missratener Sohn, als ich in deinem Alter war, hatte ich nur gute Noten in solchen Fächern. Du darfst zwei Wochen lang nicht aus dem Haus, sonst geb ich dich zur Adoption frei«, so würde mich mein Vater anmotzen. Aber noch war ja nichts verloren, die Mathearbeit war noch zwei Tage hin. Deshalb hatte ich mir vorgenommen, in dieser Zeit noch viel zu üben. Es gab ja so viel, was ich wiederholen musste.

Am ersten Tag lernte ich also schon mal die Begriffe, am zweiten deren Bedeutungen, für mehr hatte ich dann einfach keine Zeit mehr. Nebenbei musste ich nämlich noch andere Hausaufgaben machen, zum Fußballtraining gehen und insgesamt zehn Mal beten. Dann war es soweit. Schnell schluckte ich noch Bonbons, die angeblich für eine höhere Leistung sorgen sollten. Der Lehrer verteilte die Aufgabenblätter, und kaum hatte ich es vor mir liegen, stellte ich fest, dass ich gar nichts berechnen konnte. Ich konnte zwar die Aufgaben verstehen, aber rechnen hatte ich ja nicht geübt. Verzweifelt schaute ich also eine gute Stunde lang auf das leere Blatt. Ab und zu kramte ich in meiner Tasche, um zu gucken, ob ich noch irgendeinen Spicker parat hatte, aber da war nichts. Die Zeit ging langsam zu Ende, der Lehrer schaute auf seine Uhr, und immer noch war mein Blatt leer. Verzweifelt sah ich mich um, begann zu Allah zu beten und hoffte auf einen Feueralarm oder etwas Ähnliches. Dann kam mir eine grandiose Idee. Alexandros saß ja neben mir, wieso schrieb ich also nicht einfach von ihm ab?

»Ey, Alexandros, was hast du bei Aufgabe 1 stehen?«

»Nichts, mach das selber.«

»Du geiziger Grieche, ihr teilt weder Zypern noch eure Klassenarbeiten mit uns!«

Alexandros legte seinen Arm auf seine Klassenarbeit, so dass ich nichts mehr lesen konnte. Nach einer Weile kramte er in seiner Tasche herum. Diese Gelegenheit nutzte ich aus und kopierte ganz schnell seine Arbeit haargenau auf mein Blatt, ohne dass der Gyros oder der Lehrer was merkten. Stolz gab ich dann meine Ergebnisse ab, und für den Rest des Tages hatte ich wieder ein gutes Gefühl.

Am nächsten Tag bekam ich die Klassenarbeit wieder zurück. Grinsend öffnete ich mein Heft und entdeckte eine 6 mit der Unterschrift des Schuldirektors. Schnell guckte ich auf die Note von Alexandros: Dieser Verräter hatte eine 2+. Ich nahm sein Heft und verglich es sofort mit meinem, dabei stellte ich fest, dass er ganz andere Aufgaben bekommen hatte. Diese Klassenarbeit war nach Gruppen verteilt gewesen, und deshalb hatte ich die falschen Ergebnisse abgeschrieben. Das war mein Todesurteil. Die Konsequenzen für meine Bildung waren mir völlig egal, ich fürchtete mich viel mehr vor meinem Vater. Ängstlich ging ich nach Hause. Bestimmt würde er mich in die Türkei schicken oder mich ein zweites Mal beschneiden lassen. Allein die Vorstellung machte mir schon Angst. Diesen Türken traue ich nämlich alles zu. Als ich zu Hause ankam, saß mein Vater noch glücklich auf dem Sofa.

»Baba, ich hab meine Klassenarbeit in Mathe zurückgekriegt«, offenbarte ich.

»Ich hoffe, sie ist nicht schlechter als eine 3.«

»Nein, es ist eigentlich doppelt so gut.«

Mein Vater guckte sich die Klassenarbeit an.

»Was? Du hast eine 6 in Mathe? Du missratener Sohn, als ich in deinem Alter war, hatte ich nur gute Noten in solchen Fächern. Du darfst zwei Wochen lang ...«

»Jaja, zwei Wochen lang nicht raus. Kenne ich schon«, unterbrach ich ihn.

»Was? Das ist doch keine Strafe mehr für dich. O nein, du darfst zwei Wochen lang nicht mehr nach Hause!«

»Hä? Aber ...«

»Hau ab!«

Mein Vater schmiss mich also raus, und das nur wegen einer Mathearbeit. Aber eins hab ich aus der Sache gelernt: Bildung ist immer dort wichtig, wo man sie am wenigsten braucht.

Das Seniorenheim

»Hilfe, die wollen mich töten!«, brüllte ein älterer Mann aus dem Fenster.

Ich kannte den Mann nicht, aber da ich wusste, dass die Deutschen sich nicht besonders für Zivilcourage interessieren, rannte ich los, um dem armen Rentner zu helfen. In Rekordzeit, also in zwanzig Minuten, war ich endlich oben angekommen, da mir noch ein paar hübsche Mädchen auf dem Weg begegneten. Der Opa kam mit zwei Männern aus seiner Wohnung und schrie, was das Zeug hielt. »Bitte, schickt mich nicht in diese Hölle!« Er versuchte sich zu wehren.

»Ist er denn nicht noch zu jung zum Sterben?«, fragte ich neugierig.

»Keine Angst, wir bringen ihn ja nicht um, wir fahren ihn nur ins Seniorenheim.«

»Wo ist denn da der Unterschied?«, brüllte der Opa.

»Halt endlich dein Maul, Alter! Ich will doch nur das Beste für dich.«

Ich merkte, dass der Opa mit dieser Aussage nicht ganz zufrieden war, und mischte mich wieder ein. »Er kann doch im Keller wohnen, so wie jeder normale deutsche Opa«.

»Nein, da wohnt schon mein Hund«, antwortete einer der beiden Männer, wahrscheinlich der Sohn des Alten.

Sie zogen den Opa nach draußen zu einem Auto, wobei sie mit Schlägen und manchmal auch mit einem Gürtel nachhalfen. Der Opa vertrug viel. Ich fragte die beiden Männer, ob ich auch mit ins Seniorenheim fahren dürfe, und sie forderten, wie jeder normale Deutsche, erst mal die Unterschrift meiner Eltern. Weil das Altenheim auf dem Weg zu unserer Wohnung lag und ich keine Lust hatte, zu Fuß nach Hause zu laufen, erzählte ich ihnen, meine Eltern wären vor zwanzig Jahren gestorben. Und sie nahmen mich tatsächlich mit. Zum Glück merkten sie nicht, dass ich erst sechzehn war – aber so behaart und altklug, wie wir Türken sind, hätten die sogar geglaubt, ich wär einer der ersten Gastarbeiter in Deutschland. Im Auto erfuhr ich die Namen der Beteiligten. Der Opa hieß Karl, und die beiden anderen Männer hießen Peter und Udo. Peter war der Sohn des Opas, und Udo war ein Freund von Peter, und wie jeder normale Deutsche hießen die beiden Freunde »Hans« und der Opa »Adolf« mit Zweitnamen.

»Also, wenn bei uns ein Türke langsam zu alt wird, dann geht er in die Türkei, macht sich ein schönes Leben und bekommt seine Rente dorthin geschickt«, sagte ich.

»Wenn ihr Türken uns nicht die Arbeitsplätze geklaut hättet, dann würd ich jetzt auch Rente kriegen«, schimpfte der Opa mit mir.

»Wieso wir Türken? Eure Frauen haben euch doch die Arbeitsplätze geklaut. Wir Türken haben doch eh immer nur die Drecksarbeit gemacht, für die ihr euch zu schade wart.«

Ein Klischee jagte das nächste, genau so stelle ich mir eine politische Diskussion in der Türkei vor. Der Opa hatte aufgehört zu heulen, und als wir vor dem Seniorenheim ankamen, verabschiedeten sich die beiden Männer von ihm, und sein Sohn fügte noch hinzu: »Hier kannst du auch in aller Ruhe dein Testament schreiben.«

Der Opa lächelte ihn an. »Danke, das werde ich auch tun.«

So wünsche ich mir mal einen Abschied, bei uns Türken wird immer nur rumgeheult. Auf der Rückfahrt musste ich aber den beiden noch eine Frage stellen. »Wieso wolltet ihr den Alten eigentlich loswerden?«

»Wir sind schwul, und da er jetzt nicht mehr da ist, müssen wir das auch nicht mehr geheim halten ...«

Der Fitnesstrainer

Meine Freundin Helga war richtig fett geworden. Über den Winter hatte sie so viel zugenommen, dass ich sie jetzt kaum noch ansehen konnte. Ihr riesiger Hintern und der ganze Schwabbel ekelten mich einfach nur an. Sie sah jetzt schon aus wie eine deutsche Hausfrau. Bestimmt hatte sie den ganzen Tag nur zu Hause rumgesessen und gegessen. Und nun war der Frühling angebrochen. Alle Mädchen liefen mit ihren kurzen Röcken durch die blühende Landschaft, aber ich konnte meine nur herumrollen. Sie war so dick, dass ich mich mit ihr in der Öffentlichkeit nicht blicken lassen wollte. Also hielt ich jedes Mal einen großen Abstand zu ihr, was ihr jedoch ziemlich bald auffiel:

»Warum läufst du so schnell?«, rief sie mir hinterher.

»Das kommt dir nur so vor.«

»Nein, wenn ich schneller laufe, legst du auch immer an Tempo zu.«

»Ja, bei uns Türken ist das halt so, wir laufen immer vor den Frauen.«

Aus irgendeinem Grund kaufte Helga mir diese Ausrede ab. Ich lief ins nächste Fitnesscenter. Sie sollte so schnell wie möglich abnehmen, damit ich das Interesse an ihr nicht verlor. So was ging bei mir ziemlich schnell. Ich bezahlte ihr sogar die ganzen Gebühren und die Anmeldung. Jetzt musste sie nur ihren dicken Arsch zum Studio bewegen und ein wenig trainieren.

»Findest du mich zu fett? Bin ich nicht mehr hübsch genug für dich?«, fragte sie mich nach der Anmeldung.

»Ja.«

»Aber wir kennen uns doch schon so lange, wie kannst du so was behaupten? Du liebst mich ja nicht nur wegen meinem Aussehen, es kommt doch auf die inneren Werte an.«

»Bei mir nicht.«

Leicht schockiert blickte sie mich an.

»Das war ein Scherz, natürlich kommt es auch auf die inneren Werte an. Ich meine, Charaktereigenschaften und so sind ja auch irgendwie wichtig. Du magst Hip Hop, ich steh auf Hippiemusik, das passt ja schon irgendwie zusammen. So was ist in der Beziehung sehr wichtig.«

Helga ging tatsächlich dreimal in der Woche ins Fitnesscenter. Sie hatte ihren persönlichen Trainer und nahm schlagartig ab. Immer wenn ich sie abholen musste, fand ich sie ein bisschen attraktiver. Trotzdem gefiel mir die ganze Sache mit dem Trainer nicht so recht. Ständig packte er sie bei bestimmten Übungen ganz fest an Stellen, die selbst ich nicht berühren durfte. Deshalb hörte ich auf, den Mitgliedsbeitrag zu bezahlen, doch sie ging trotzdem weiter zu dem Fitnessunterricht und bezahlte ihn selbst. Langsam hatte ich die Befürchtung, dass sie mich hinterging. Eines Tages wollte ich mir die ganze Sache mal genauer ansehen. Ich platzte also einfach in ihre Übungsstunde. Wieder war dieser Trainer da, ein gut aussehender junger Kerl, natürlich deutsch. Er war vollgepackt mit Muskeln und trug ganz enge Hosenträger über dem nackten Oberkörper. Seine rabenschwarzen Haare waren zur Seite gekämmt, ich konnte meine Augen gar nicht von ihm abwenden. Mit seinen starken Händen packte er meine Freundin bei der Übung an den Hintern.

»So, jetzt reicht es mir. Du kommst nicht mehr hierher«, sagte ich.

»Ach, du kannst mir gar nichts befehlen!«, widersprach sie.

»Komm schon, Schatz, sonst werde ich eifersüchtig. Guck dir diesen Kerl doch an, sogar ich hätte mich fast in ihn verliebt.«

Der Trainer guckte mich etwas verwundert an.

»Ja, du hast auch allen Grund, eifersüchtig zu sein. Thomas und ich sind nämlich jetzt zusammen.«

»Was?«

»Denkst du, ich würde freiwillig hierherkommen? Ich wollte nur weg von dir, und Thomas sieht viel besser aus als du. Tut mir leid, es kommt doch nicht immer auf die inneren Werte an. Außerdem hör ich keinen Hip Hop, du Idiot!«

Thomas packte mich am Kragen und führte mich nach draußen.

»Tut mir leid, ich finde dich ja auch irgendwie attraktiv, aber ich würde dir erst mal empfehlen, ein wenig trainieren zu gehen. Du bist ja so weich wie ein Schwamm.«

Thomas schmiss mich raus. Irgendwie fühlte ich mich erniedrigt. Zuerst hatte mich meine Freundin betrogen, und dann gab mir auch noch ihr Trainer einen Korb. Aber eins habe ich aus dieser Sache gelernt: Hübsche Menschen legen wenig Wert auf die inneren Werte, während bei den hässlichen das Gegenteil der Fall ist. Deshalb brauchte ich ab sofort hässliche Freundinnen, die würden mich nämlich niemals betrügen!

Dütsche Bahn

»Ey, du Kanake!«, rief ein Skinhead in der Bahn zu mir herüber. Ich ignorierte seinen Zuruf und las weiter in meinem Buch.

»Du, Kümmeltürke, hörst du schlecht?«, rief sein Freund, der ebenfalls eine Glatze hatte. Auch diese Provokation ignorierte ich, aber anscheinend fühlten sich die zwei Skinheads von mir nicht ernst genommen und kamen deshalb auf mich zu. Schnell packte ich meine Sachen und betete zu Allah, dass er mich retten möge. Aber offenbar war der Gott der Skinheads etwas schneller, und so standen sie kurze Zeit später direkt vor meiner Nase.

»Na, du Knoblauchfresser, verstehst du kein Deutsch oder wieso guckst du nicht, wenn wir dich ansprechen?«

Der Skinhead ließ mich seinen üblen Mundgeruch inhalieren. Zum ersten Mal in meinem Leben hatte ich aus politischen Gründen Angst. Kaum jemand saß in der Bahn, und bis zur nächsten Haltestelle dauerte es noch sehr lange.

»Ich bin doch gar kein Türke«, antwortete ich ängstlich.

»Aha, schwarze Haare und braune Augen in Schlitzform. Wenn du kein Türke bist, was dann?«, fragte sein Freund.

»Ich könnte doch auch ein Chinese sein.«

»Hör mal zu, du Kanake. Die Bahn hier ist nur für Deutsche, ist das klar? Es heißt ja auch Deutsche Bahn und nicht Dütsche Bahn.«

Während der eine Skinhead über seinen eigenen Witz lachte, sprach der andere weiter:

»Du kannst dich doch nicht einfach so hier hinsetzen, wenn das gar nicht deine Bahn ist. Erst klaut ihr unsere Sitzplätze, dann unsere Jobs und am Ende islamisiert ihr wohl ganz Deutschland. Das Gleiche habt ihr ja schon mit meiner geliebten Stadt Berlin gemacht.«

Ich konnte einfach nicht fassen, dass dieser Skin mir die Islamisierung von Berlin unterstellte. Ich war ja noch nie in Berlin gewesen. Diese Ostdeutschen müssen einfach jedem die Schuld daran geben, dass ihr Land seit der Wiedervereinigung so abscheulich geworden ist. Ich musste mich wehren:

»Eigentlich habt doch ihr Scheißossis uns Türken die Arbeitsplätze im Westen geklaut. Vor der Vereinigung ging's uns allen schon schlecht, aber jetzt müssen wir wegen euch noch mehr leiden. Ihr Deppen könnt ja noch nicht mal richtig deutsch sprechen. Ihr kommt hier einfach in den Westen und tut so, als ob wir Türken hier die Fremden wären. Geh doch zurück in den Osten, wenn's dir hier zu voll ist!«, schrie ich den Skinhead voller Wut an. Ich hatte sowieso nichts mehr zu verlieren. Der Kerl blieb mit offenem Mund stehen. Fassungslos sah er zu seinem Freund rüber. Als die beiden mit mir fertig waren, hatte ich überall blaue Flecken, und meine Nase stand etwas schief, aber dafür war ich am nächsten Tag in den Zeitungen:

»Türke beleidigt unsere ostdeutschen Mitbürger!«

Der türkische Kassierer

Um dem ganzen Stress in der Schule mal zu entkommen, habe ich angefangen, im Supermarkt zu arbeiten. Meine Strategie bestand darin, mich durch neuen Stress vom alten Stress abzulenken; diese Methode habe ich mir von unseren Politikern abgeguckt.

Jeden Tag musste ich Kisten schleppen, Gemüse sortieren oder die Aufnahmen der Überwachungskamera nochmal kontrollieren. Aber diese Woche durfte ich endlich an die Kasse. »Das macht eins neunundneunzig«, sagte ich zu einer älteren Frau, die sich Salzgurken kaufte.

»Früher haben die Dinger noch zwei Mark gekostet«, beschwerte sie sich.

»Ja, und heute kosten sie halt zwei Euro. Soll ich Ihnen jetzt auch die Gründe dafür nennen, warum die Preise steigen, oder wollen Sie nicht lieber einfach nur die Gurken kaufen?«

Die Frau holte ihr Portemonnaie aus der Tasche und kramte solange darin herum, bis sie mir die Gurken auf den Cent genau bezahlen konnte.

»Dankeschön, und schönen Tag noch!«, rief ich ihr beim Verlassen des Ladens hinterher.

Den ganzen Tag lang schob ich Waren durch die Kasse, nahm das Geld freundlich an und bedankte mich anschließend. Nur bei meinen Landsleuten, den türkischen Kunden, hatte ich immer leichte Probleme.

»Das macht zehn Euro fünfundzwanzig«, sagte ich zu einer älteren Frau mit Kopftuch.

»Bist du Türke?«, fragte sie auf Türkisch.

»Ja«, antwortete ich ebenfalls auf Türkisch.

»Warum redest du dann Deutsch mit mir?«

»Woher soll ich denn wissen, dass Sie eine Türkin sind? Denken Sie, ich hab Vorurteile gegenüber meinen Landsleuten? Nur weil Sie ein Kopftuch tragen, einen Damenbart haben und Ihre Augenbrauen zusammengewachsen sind, muss das ja nicht gleich heißen, dass Sie eine Türkin sind. Sie könnten ja auch aus Afghanistan kommen.«

Die Frau blieb schockiert stehen.

»Das macht zehn Euro fünfundzwanzig«, wiederholte ich auf Deutsch.

Sie gab mir das Geld, verließ verwirrt den Laden und vergaß dabei sogar ihr Wechselgeld. Am nächsten Tag machte mir dann ein Landsmann Probleme:

»Das macht zwölf Euro fünfzig«, sagte ich freundlich wie immer.

»Ich geb dir zwölf Euro.« Wollte der Mann plötzlich mit mir handeln?

»Hä?«

»Komm, das sind nur fünfzig Cent.«

»Ja, aber ich bin nur der Kassierer.«

Der Mann guckte mich leicht verärgert an.

»Gut, dann kaufe ich die Sachen halt nicht«, sagte er empört und legte die Waren zurück in seinen Einkaufskorb.

»Von mir aus.«

»Komm schon, Alter, machst Probleme wegen fünfzig Cent«, fing er wieder an zu handeln.

»Mein Gott, entweder Sie kaufen das zum vollen Preis oder gar nicht. Mir doch egal, ich werde hier nach Stunden bezahlt!«, meckerte ich den Mann an.

Wütend ließ er die Sachen einfach stehen und verließ den Laden.

Der Rest des Tages verlief ziemlich normal. Es kamen zwar noch einige Türken, die sich beschwerten, weil ich ihnen meine Muttersprache nicht offenbarte, aber es gab keine größeren Konflikte.

Am nächsten Tag kam aber mein Chef zu mir: »Mehmet, ich muss dich leider rausschmeißen«, sagte er bedrückt.

»Warum?«

»Es gab Beschwerden, dass du dich unseren ausländischen Mitbürgern gegenüber nicht korrekt verhalten hast. Mehmet, in meinem Laden dulde ich keinen Rassismus. Du musst dir einen anderen Job suchen.«

»Wie kann ich denn ein Rassist sein, wenn ich selber ein Ausländer bin?«, fragte ich verzweifelt.

»Dann bist du wohl ein Verräter oder ein Intellektueller, je nachdem, wie ihr das so bezeichnet. Ich kann doch nicht riskieren, meine Kunden zu verlieren, nur weil du deine Landsleute nicht magst.«

Wieder zu Hause und inzwischen ohne Job habe ich dann nochmal in Ruhe darüber nachgedacht: Eigentlich mag ich meine Landsleute sehr, genauso wie alle anderen Menschen. Ich hab sie so behandelt, wie sie es sich all die Jahre gewünscht haben, nämlich ohne auf ihre Herkunft zu achten. Aber anscheinend wissen die Türken in Deutschland schon selbst nicht mehr, was sie eigentlich wollen.

Der Korankurs

»Elif, Be, Te, Se, Cim, Ha. Wiederhol, was ich dir sage«, forderte der Hodscha mich auf.

»Elif, Be, Te, Se, Cim, Ha. Wiederhol, was ich dir sage«, wiederholte ich seinen Satz.

»Mein Allah, ich hab noch nie so einen verdeutschten Türken wie dich gesehen. Da wartet noch eine Menge Arbeit auf uns.« Der Hodscha gab mir eine Zeile zum Auswendiglernen und kümmerte sich dann um seine anderen Schüler.

Seit Neustem hatte mich meine tiefgläubige Mutter dazu verdonnert, den Korankurs direkt bei uns um die Ecke zu besuchen. Mein Vater meinte, ich wäre der Einzige aus der Familie, der das noch nötig hatte. Alle Vormittage meines wertvollen Wochenendes musste ich in der Moschee verbringen. Die Kinder dort waren alle jünger als ich, aber da ich sowieso nicht sehr groß bin, fiel ich gar nicht weiter auf. Am Anfang der Stunde lasen wir etwas auf Arabisch, dann stellte der Hodscha uns Fragen, und am Ende mussten wir eine Zeile aus dem Koran auswendig vortragen. Wer das nicht schaffte, bekam entweder eine Ohrfeige oder einen Anruf nach Hause.

»Mehmet, willst du uns nicht etwas vorlesen?«, fragte mich der Hodscha und zeigte dabei mit dem Finger auf eine Zeile des Korans.

»Nein, aber bestimmt möchte der Ali das«, lehnte ich großzügig ab.

»Der Ahmet hat schon genug für heute gelesen. Komm, du musst doch etwas aus der Heiligen Schrift des Islams vorlesen können.«

»Warum? Versteht Allah kein Türkisch?«

Sofort wurde es still im Raum. Dieser tollkühne Satz konnte mich etwas mehr als eine Ohrfeige kosten.

»Natürlich versteht Allah Türkisch. Er versteht sogar Deutsch, Englisch und Französisch. Er kann alle Sprachen auf der Welt. Aber den Koran hat er nun einmal auf Arabisch in die Welt gesetzt, und deshalb sollst du ihn auch auf Arabisch vorlesen«, antwortete der Hodscha voller Weisheit.

»Aber Arabisch versteh ich nicht. Wie soll ich dann wissen, was im Koran steht? Ist es denn nicht besser, wenn wir verstehen würden, was da steht, statt einfach blind daraus vorzulesen?«

»Mehmet, hast du heute Morgen Orhan Pamuk verschluckt, oder wieso bist du so komisch drauf? Wenn du wissen willst, was da drinsteht, dann lern doch Arabisch.« Der Hodscha ging an sein Pult. »Außerdem mache ich ja diese Quizstunden mit euch, damit ihr besser Bescheid wisst. Also, die erste Frage richte ich dann direkt an unseren Intellektuellen hier. Mehmet, wie heißt unser erster Prophet?«

»Adam.«

»Richtig, und wie heißt der letzte Prophet?«

»Das kann man doch noch gar nicht wissen.«

»Doch natürlich! Mohammed war der letzte Prophet.«

»Aber vielleicht kommt ja bald ein neuer Prophet.«

Wieder wurde es ganz still im Raum. Der Hodscha biss sich auf die Faust, um seine Wut zu unterdrücken. Dann atmete er einmal ganz tief durch:

»Mehmet, nach unserem Glauben war Mohammed der

letzte Prophet und wird es auch immer bleiben. Unser Glaube ist auch dein Glaube, deshalb ist Mohammed auch für dich der letzte Prophet, verstanden?«

»Verstanden.«

»Dich frage ich heute gar nichts mehr. Du bist ja noch schlimmer als ein Anarchist.«

Der Hodscha stand auf und begann zu erzählen:

»Also, bestimmt haben einige von euch deutsche Freunde, die von ihrem Glauben nicht sehr überzeugt sind. Sie beschäftigen sich mit anderen Dingen und interessieren sich gar nicht für Gott. Als Moslem ist es eure Pflicht, ihnen die schönen Seiten unserer Religion zu zeigen. Wenn ihr das tut, dann werdet ihr und auch eure deutschen Freunde eine besondere Belohnung im Leben nach dem Tod erhalten.«

»Aber was ist, wenn unsere deutschen Freunde schon getauft sind?«, mischte ich mich wieder ein.

»Die Taufe hat nichts zu bedeuten. Da wird den Deutschen einfach nur einmal in ihrem Leben richtig der Kopf gewaschen.«

Der Hodscha und die Schüler lachten sich kaputt.

»Also, überzeugt eure deutschen Freunde von eurem Glauben. Wenn sie stur bleiben, dann setzt etwas härtere Mittel ein. Wenn ihr Erfolg habt, dann werdet ihr mit zweiundsiebzig Jungfrauen im Himmel beglückt.«

Die Schüler guckten sich gegenseitig an und grinsten. Aber ich hatte einen Einwand: »Was ist, wenn eine der zweiundsiebzig Jungfrauen keine Lust hat?«

Der Hodscha wurde wieder leicht wütend: »Natürlich haben die Lust. Es ist doch unsere Belohnung.«

»Ja, aber was ist die Belohnung der Jungfrauen? Die haben doch auch Gefühle. Was kriegen denn eigentlich unsere Frauen, wenn sie für ihren Glauben sterben? Kriegen die dann auch zweiundsiebzig unberührte Männer? Eigentlich finde ich es sehr unfair, dass die Frauen in unserem Glauben so benachteiligt werden. Für Allah sollte doch das Geschlecht egal sein, schließlich hat er uns alle gleich erschaffen. Und was ist eigentlich, wenn man homosexuell ist?«

Der Hodscha wurde ganz rot vor Wut. Mit seinem Finger zeigte er in Richtung Tür.

»Raus hier! Da draußen kannst du dann weiter für Frauen- und Schwulenrechte kämpfen!«, schrie er mich an.

Ich packte meine Sachen und ging wieder nach Hause. Dort wartete mein Vater schon grinsend vor der Tür auf mich.

»Mehmet, ich hab mit deiner Mutter gewettet, dass der Hodscha dich spätestens nach der ersten Stunde rauswirft. Deine Mutter meinte, er würde dich zwei Stunden aushalten, weil er noch halbwegs liberal ist. Du hast gerade mal fünfzehn Minuten geschafft.«

Türkische Zwangsehen

Ich hab eine kleine Schwester, die meine Eltern ausbeutet: Geld, Liebe und die freie Auswahl ihres zukünftigen Ehemannes, sie kriegt einfach alles, was ein liberales Türkenherz begehrt. Und das nur, weil sie gut in der Schule ist. Ich hingegen darf mir als Junge mit mittelmäßigen Schulleistungen noch nicht einmal meine zukünftige Ehefrau selbst aussuchen. Das hat nämlich mein Vater schon für mich übernommen und die Tochter seines Kollegen Ahmet aus der Stahlfabrik vor ungefähr neun Jahren bereits für mich reserviert. Ich find es gar nicht mal so schlimm, dass er so was getan hat. In einer Großstadt wie Duisburg ist eine Zwangsheirat zwar nicht gerade üblich, eher eine Zwangsscheidung, aber stellt euch mal vor: Ich muss mir später keine Mühe bei der Suche nach einer Frau geben. Und das Allerbeste ist: Das Mädchen ist vier Jahre älter als ich! Heute wollte Ahmet uns gemeinsam mit seiner Tochter besuchen, damit ich meine zukünftige Ehe- beziehungsweise Hausfrau auch mal zu sehen bekam. Meine deutschen Freunde beneideten mich, vor allem wegen des grandiosen Altersunterschieds. Wir standen nämlich alle total auf reifere Frauen, weil sie bereits viel professioneller und erfahrener waren. Ich saß also mit meiner Familie im Wohnzimmer auf dem Sofa und wartete ganz gespannt auf den Besuch. Wir waren alle sehr schick angezogen, der Tee war vorbereitet, und im Fernsehen lief unser türkischer Lieblingssender. Als es dann klingelte, platzte ich fast vor Aufregung. Meine zukünftige Frau stand vor der Tür! Ich war mir sicher, dass alle Mädchen auf dieser Welt mit zwanzig Jahren hübsch sind. Meine Mutter machte die Tür auf und begrüßte die Gäste mit »*Hosgeldin*«, was wörtlich übersetzt »Du bist hübsch gekommen« heißt. Aber die Gäste waren alles andere als hübsch. Neben Ahmet standen zwei übergewichtige Kopftücher, und ich wusste nicht, welches davon meine zukünftige Frau war. Da saßen wir nun gemeinsam mit den zwei Nilpferden im Wohnzimmer. Sie waren derart dick geschminkt, dass man unter dem ganzen Kleister nicht einmal ihre Gesichter richtig erkennen konnte. Lila Make-up passt einfach nicht zu einem grünen Kopftuch, dass weiß sogar ich. Die ganze Zeit über redete mein Vater von der Hochzeit, der Zukunft und seinen Enkelkindern. Dabei wollte ich keine der zwei Frauen heiraten, das würde ich im Leben nicht aushalten. Die beiden sahen mit ihren Riesengewändern und den Dorfsandalen so altmodisch und rückständig aus, dass mir die Lust aufs Heiraten gründlich vergangen war. Ein Stadtjunge wie ich verdiente ein besseres Los. So was würde sich noch nicht mal in meinem Heimatdorf in Ordu blicken lassen. Dort war man nämlich schon viel moderner, wie fast überall in der Türkei. Ich musste die Pläne meines Vaters irgendwie durchkreuzen. Also stand ich auf, streckte die Brust raus und verkündete: »Vater, ich will keine Zwangsheirat!« Alle Beteiligten waren sofort still.

»Was?« Mein Vater fing an, hastig mit den Händen herumzufuchteln und wurde ganz rot im Gesicht. Er war außer sich. »Du missratener Sohn! Das ist doch keine Zwangsheirat. Ich hab dich vor neun Jahren gefragt, ob du einverstanden bist.«

»Vater«, antwortete ich laut, »da war ich erst acht Jahre

alt! Damals war mir wahrscheinlich noch nicht mal bewusst, was du damit gemeint hast. Ich lebe in einer zivilisierten Großstadt, und so will ich auch behandelt werden!«

»Es tut mir leid, Ahmet. Mein Sohn ist wohl etwas verwirrt«, sagte mein Vater. Er wischte sich dabei ganz nervös die Schweißtropfen von der Stirn und biss sich auf die Lippen. Ahmet stand enttäuscht auf, nahm seine Jacke, zog sein Handy aus der Tasche und telefonierte: »Du kannst jetzt kommen, dich werde ich wohl nie los.«

Es klingelte wieder an der Tür. Draußen stand das wohl hübscheste Mädchen weit und breit. Sie sah sehr modern aus und war der Traum eines jeden westlichen Jungen: blond, bauchfrei, überall gepierct und mit einem Kaugummi im Mund. Angewidert zeigte sie mit dem Finger auf mich.

»Igitt, den will ich nicht!«

»Und das ist meine missratene Tochter«, klärte uns Ahmet auf. »Ich wollte sie euch erst bei der Hochzeit zeigen, damit sie oder der Junge sich nicht noch anders entscheiden. Aber anscheinend wird das nichts mit euch beiden.«

Ich war sprachlos. Ich hätte gar kein Nilpferd, sondern das modernste türkische Mädchen in ganz Deutschland heiraten sollen. Da war ja die Wahrscheinlichkeit, den letzten lebenden Dodo in Duisburg zu finden, noch höher. Außerdem stellte sich noch die Frage: »Und wer sind die beiden Frauen da auf unserem Sofa?«

»Was? Nee, Junge, die kriegst du nicht. Die sind viel zu anständig für dich, außerdem hab ich die beiden schon jemand anderem versprochen«, antwortete Ahmet.

Er und seine drei Töchter verließen uns enttäuscht, mein Vater war den ganzen Tag sauer, und ich hatte gerade meine Hochzeit mit dem modernsten türkischen Mädchen in ganz Duisburg vermasselt. Aber ich hab auch was aus dieser Sache gelernt: Türkische Zwangsehen sind viel zu kompliziert, da heirate ich doch lieber eine Deutsche. Oder ein echtes Nilpferd ...

Integration

Ich war überfordert. Überall in den Nachrichten, den Zeitungen und an den Stammtischen redeten sie über Integration. Assimilation hier, Integration da, Volksverdummung überall. Selbst an meiner Schule kam es zur Debatte. Mein Politiklehrer hatte wohl keine Lust mehr, sich mit globaler Armut zu beschäftigen, also begann er stattdessen seinen Unterricht mit folgendem Satz: »Türken können sich nicht integrieren, das ist eine Tatsache.«

Natürlich hatte ich Besseres zu tun, als auf so einen Blödsinn einzugehen. Ich musste zum Beispiel ständig auf die Uhr gucken, damit ich wusste, wie spät es war. Doch der Lehrer eröffnete eine Diskussionsrunde.

»Auf die linke Seite kommen die, die für die Türken sprechen, und auf die andere Seite die, die Recht haben.«

Fast der gesamte Kurs setzte sich eiskalt auf die rechte Seite. Außer einem St.-Pauli-Fan und mir sprach sich keiner für die Ausländer aus. Unser Lehrer spielte den neutralen Moderator.

»So, heute wollen wir mal über das Thema Integration sprechen. Viele türkische Mitbürgerinnen und Mitbürger weigern sich, die deutsche Sprache zu lernen. Es gibt immer mehr Viertel, in denen nur Türkisch gesprochen wird. Die Integrationsbereitschaft ist somit sehr gering. Ich würde gerne mal einige Kommentare von euch dazu hören«, leitete der Lehrer das Thema ein und wartete auf

Meldungen. Noch nie zuvor waren so viele Finger zu sehen gewesen. Alle deutschen Schüler wollten einen Kommentar abgeben. Mein Lehrer nahm den Ersten dran.

»Also, ich habe Nachbarn, das sind Türken. Die weigern sich immer, mit uns zu reden. Ich denke, wenn die Türken bereit wären, etwas offener zu sein, dann könnten wir ihnen verständlich machen, was für ein Problem wir mit ihnen haben.«

Alle Schüler klopften auf den Tisch. Sie waren begeistert.

»Vielleicht können sie deswegen nicht mit dir reden, weil sie kein Deutsch verstehen«, kommentierte der St. Pauli-Fan neben mir.

»Dann sollen sie es doch lernen«, kam die Antwort.

»Du kannst einen Menschen doch nicht zu etwas zwingen.«

Der Lehrer griff sofort ein.

»Also, wir sind hier nicht in der Kneipe. Wenn du etwas sagen willst, dann musst du dich schon melden, deswegen hast du jetzt zehn Minuten Redepause«, sagte er zu dem Pauli-Jungen. Natürlich war der jetzt beleidigt und meldete sich gar nicht mehr zu Wort. Nun stand ich allein da, der einzige Türke im Kurs, und musste mich vor der gesamten bürgerlichen Meinung rechtfertigen. Alle waren Kinder von Architekten, Polizisten oder Anwälten. Ich war nur ein armes Arbeiterkind, das es mit viel Glück auf dieses Gymnasium geschafft hatte.

»Ich finde, wer sich nicht integrieren kann, sollte abgeschoben werden. Wer in Deutschland leben will, muss Deutsch können. Ich kann mir auch nicht vorstellen, in der Türkei zu leben, ohne Türkischkenntnisse zu haben«, sagte der Nächste.

»Die meisten Türken in Deutschland gehen doch zur

Hauptschule. Die haben überhaupt kein Niveau. Wer in diesem Land leben will, der sollte sich auch anstrengen«, hörte ich aus der nächsten Reihe.

»Die bauen hier Moscheen und setzen auch noch zwei Fernsehtürme drauf. Wer so viel Luxus verlangt, der muss auch eine Gegenleistung erbringen.«

Der Lehrer unterbrach weitere Beiträge der engagierten Schüler.

»Nun haben wir genug von dieser Seite gehört. Einen Blick könnten wir ja auch auf die kleine Opposition werfen. Mehmet?«

Ich holte tief Luft:

»Ich denke, ihr seid alle ziemlich verblödet. Eure Aussagen sind ein Bündel von Vorurteilen und Medienverdummung. Ihr habt nur einen einzigen Kanaken in der Klasse, und selbst den versteht ihr nicht. Wie können denn die Türken ganz alleine an der fehlenden Integration schuld sein? Ihr kritisiert etwas, was von eurem System verursacht wurde. Man wollte die Türken gar nicht an die Gesellschaft anpassen oder sie bilden, sie waren eine Unterschicht, die nur zum Arbeiten da war. Und jetzt wundert ihr euch, warum ihre Kinder und Enkelkinder so geworden sind? Wer arm und dumm erzogen wird, der bleibt auch arm und dumm. Außerdem habt ihr selbst gar keine Vorstellung von einer gelungenen Integration. Keiner von euch kann sie genau definieren. Fußballspieler, die erfolgreich sind, aber kein Deutsch können, sind für euch integriert, während Kopftücher, die sehr gut Deutsch können, für euch fehlintegriert sind. Allein da ist der Widerspruch schon eindeutig. Mit eurer Kritik versucht ihr nur, eure eigenen Fehler zu überdecken. Ihr wollt die Schuld nicht eurem System geben, sondern schiebt sie direkt den Betroffenen unter.«

Der Lehrer guckte mich etwas mitleidig an und sagte dann vertrauensvoll:

»Mehmet, du argumentierst wieder einmal zu persönlich und zu emotional. Ich weiß ja, dass du bei diesem Thema nicht so eine gute Übersicht hast, aber wir versuchen hier doch, wissenschaftlich zu arbeiten, vergiss das bitte nicht. Ich würde dir auch eine zehnminütige Redepause empfehlen.«

Mit diesem Satz war für mich das Thema Integration ebenfalls abgeschlossen. Anscheinend sind alle Experten, außer den Betroffenen selbst.

Die frisch getaufte Istanbul-Transe

Neulich habe ich mir einen Ohrring stechen lassen. All meine deutschen Freunde liefen mit coolen Ohrringen herum, und deshalb wollte ich auch einen haben. Das war für mich ein großer Schritt in Richtung Integration. Eine gut gebaute Russin verpasste mir ein Loch in mein linkes Ohr, während ihre gewaltigen Brüste mich vom Schmerz ablenkten. Damit ich besonders gut integriert war, suchte ich mir auch noch den größten Ring aus, den ich finden konnte. Zu Hause betrachtete ich meinen neuen Ohrring stolz im Spiegel, als plötzlich mein Vater hereinplatzte.

»Was ist das denn?«, fragte er mit seinem berühmten bohrenden Blick.

»Ein Ohrring.«

»Ja, das sehe ich auch. Du siehst aus wie eine frisch getaufte Istanbul-Transe.«

»Aber Baba, alle meine deutschen Freunde haben auch einen, und die wissen ganz bestimmt nicht, wie frisch getaufte Istanbul-Transen aussehen.«

»Das ist mir egal. Mach das Ding ab, sonst mach ich es ab und stecke es dir dahin, wo du es am wenigsten brauchst.«

Eigentlich interessierte es mich schon, was genau er wohl mit »dahin« meinte, aber ich wollte mich nicht in eine unangenehme Situation bringen. Also nahm ich meinen Ohrring ab. Das Loch wuchs von selber wieder zu. Ohne den Ohrring aber war mein Leben langweilig und sinnlos. Ich fühlte mich schrecklich leer neben meinen deutschen Freunden, die selbst an den Nasen gepierct waren. Sie sahen so cool aus, und ich stand da wie ein einfacher Dorftürke. Ein Dorftürke, der immer noch unter der Kontrolle seines altmodischen Vaters stand. Aber ich würde es ihm schon zeigen. Von der Russin mit den Riesenbrüsten ließ ich mir erneut einen Ohrring stechen. Als ich zurück nach Hause kam, ahnte mein Vater wohl schon, dass ihn eine unangenehme Überraschung erwartete. Sofort kam er in mein Zimmer und guckte mich zornig an:

»Was ist das?«

»Mein Ohr.«

»Und das Ding, das da dranhängt?«

»Was meinst du?«

»Hab ich dir nicht gesagt, du sollst das abmachen?«

»Ich werde es aber nicht abmachen. Du kannst mich nicht dazu zwingen. Ich bin ein freier und moderner Mensch. Nur weil es in unserer Kultur oder Religion verboten ist, Ohrringe zu tragen, heißt das noch lange nicht, dass ich mich auch daran halten werde. Ich will jetzt zeitgemäß leben, und das solltest du auch tun, sonst schicken uns die Deutschen eines Tages wieder in die Türkei zurück!«

»Du missratener Sohn, Ohrringe sind bei uns nicht verboten. Im Gegenteil, selbst der Sultan Yavuz Selim trug einen Ohrring als Zeichen dafür, dass er ein Knecht Allahs und Sklave seines Volkes war, weil früher nämlich nur die Sklaven Ohrringe trugen. Ich verbiete dir den Ohrring nur deshalb, weil du damit aussiehst wie eine Schwuchtel. Und so naiv wie du bist, will ich nicht riskieren, dass du dich mit den falschen Leuten abgibst. Deinen Freunden traue ich sowieso nicht über den Weg. Keiner von denen hatte schon mal eine Freundin, ihr seid nie mit Mädchen unterwegs. Und du Trottel hast dir auch noch einen extragroßen Ring gekauft. Aber ich halte mein Versprechen und mach dir das Ding jetzt da dran, wo du es am wenigsten brauchst.«

Seitdem hängt ein Ring an meinem Pipimann.

Drei Chinesen mit dem Putschanlass

Bin ich ein kleiner Rassist? Ich kann nämlich die Chinesen nicht voneinander unterscheiden. Irgendwie sehen die für mich alle gleich aus. Die haben alle mandelförmige Augen und tragen einen Jogginganzug. Ich kann ja nichts dafür, dass sie so sind, irgendwie hat sie Gott wohl so erschaffen. Letztens, zum Beispiel, als ich in der Straßenbahn saß, stiegen drei Chinesen ein. Der Unterschied zwischen ihnen bestand nur darin, dass einer von denen einen goldenen und der andere einen gelben Jogginganzug anhatte. Der dritte hatte beide Farben. Sie unterhielten sich und lachten. Ich wollte unbedingt mitbekommen, um was es ging. Wer weiß, vielleicht schmiedeten sie ja geheime Pläne gegen unsere Regierung.

»Iss muss dieses Joldan Shilt haben, blauke noch ein bissen Geld«, sagte der eine Chinese zum anderen. Ich fragte mich, was wohl ein Joldan Shilt war. Vielleicht wollten sie ja wirklich unsere Regierung stürzen und ein politisches System wie in China aufbauen, und Joldan Shilt war ihr neues Wirtschaftsmodell? Oder wollten sie vielleicht die ganze Welt übervölkern, weil in China kein Platz mehr war?

»Ast du die Waffencheats bekommen, die iss dil letztens gessickt habe?«

Unglaublich! Diese erbarmungslosen Chinesen wollten auch noch Waffen für ihren Putsch organisieren. Ich musste dem Bundespräsidenten Bescheid geben. Deutschlands

Zukunft hing von mir ab. Ich versteckte mich in der hintersten Ecke der Straßenbahn und rief sofort mit meinem Handy beim Innenministerium an.

»Verbinden Sie mich mit dem Präsidenten«, flüsterte ich ins Telefon.

»Da sind Sie hier falsch. Wir sind das Bezirksamt Duisburg Meiderich.«

»Haben Sie die Handynummer des Bundespräsidenten? Die Sache ist sehr wichtig.«

Unverschämtheit, die Frau legte einfach auf. Wahrscheinlich hatte die Bundesregierung gar kein Interesse daran, diesen Putsch zu verhindern. Ich musste die Chinesen auf eigene Faust aufhalten. Sie waren gerade dabei, über ihre teuflischen Pläne zu lachen, als ich ein Ablenkungsmanöver startete. Mit den Händen in den Hosentaschen lief ich an ihnen vorbei. Sie guckten mich nur kurz an und unterhielten sich dann einfach weiter. Mein Ablenkungsmanöver war erfolgreich gewesen, ich hatte die Welt für zwei Sekunden gerettet. Jetzt jedoch musste ich härtere Mittel einsetzen und mit meinen raffinierten Spionagetechniken die Chinesen zum Reden bringen:

»Entschuldigung, hat einer von euch vielleicht Feuer?«, fragte ich die drei im Trainingsanzug.

»Ja, hiel, bitte sehl.« Der Chinese in Gold gab mir sein Feuerzeug.

»Meine Güte, ist der Tag heute lang. Am liebsten würde man jetzt eine Regierung stürzen, nicht wahr?«

Die drei guckten mich an, als wäre ich bekloppt. Da war ich wohl zu ungeschickt an das Thema herangegangen. Ich musste vorsichtiger sein.

»Deutschland ist gar nicht so ein schönes Land, wie immer behauptet wird. Die Frauen sind hässlich, wir haben

Probleme mit Minderheiten, und es ist schon lange nicht mehr das Land der Dichter und Denker!«"

Nun guckten die Chinesen noch verwirrter.

»Okay, vielleicht habt ihr Überbevölkerung und braucht Platz für die ganzen Leute, aber hier werdet ihr ganz bestimmt nicht glücklich. Auch wenn die Anzahl der Deutschen wirklich zurückgeht, die Türken hier vermehren sich wie die Karnickel! Die sind genauso wie ihr, die wissen auch nicht, wann mit den Kindern Schluss sein muss.«

»Wen meinst du mit ›ihl‹?«, fragte mich der Chinese.

»Na, euch Chinesen. Seitdem euer Land überbevölkert ist, hat die ganze Welt Platzangst. Ihr macht euch überall breit, nur weil ihr eure Kinderproduktion nicht stilllegen könnt. Wenn ihr aber nach Deutschland kommt, dann haben wir nicht nur ein Türkenproblem, sondern auch noch ein Chinesenproblem. Eine große Minderheit reicht völlig aus!«

»Ja, abel wir sind nisst aus Ssina. Wil kommen aus Thailand.«

Die Sache war ernster, als ich dachte. Thailand ist berühmt für seine halbe Monarchie und die billigen Prostituierten. Wahrscheinlich wollten sie dasselbe Modell auf Deutschland übertragen ... kein Wunder, dass der Bundespräsident nicht an sein Handy ging.

»Entssuldigung, aber ihl Tülken seht irgendwie alle gleiss aus!«, sagte plötzlich der eine Thailänder zu mir. Alle drei Schlitzaugen begannen zu lachen. Irgendwie kam ich mir verarscht vor. Wer oder was ist denn eine Tülke?

Bis(s) zum Bahnhof

Auf dem Platz vor dem Duisburger Hauptbahnhof saß eine Gruppe von Ausländern. Natürlich waren das alles Türken. Sie räkelten sich auf einer Bank, trugen schwarze Lederjacken und guckten böse, während sie die Bahnhofsgäste anmachten. Es war wieder einmal das typische Bild.

»Ey du, was guckst du mich an?«, rief einer von denen einem blonden Jungen zu, der gerade vorbeilief.

»Ich guck doch gar nicht«, wehrte dieser sich.

»Doch, du guckst. Bist neidisch auf meine Lederjacke, wahr? Kannst dir nicht leisten.«

»Ich will deine Lederjacke doch gar nicht, lasst mich in Ruhe.«

»Was? Findest du meine Lederjacke scheiße, oder was?«

Plötzlich erhob sich die ganze Gruppe, und alle starrten ganz bedrohlich den Jungen an. Der rannte schnell weg.

»Ey, bleib stehen«, rief einer ihm noch hinterher, doch anscheinend wollte sich keiner von der Gruppe bewegen und ihn zurückholen. Stattdessen lachten sie den Jungen aus. Trotzdem schienen diese Türken mir nicht normal. Das waren nicht diese typischen Asozialen, die ohne Ausbildungs- und Arbeitsplatz herumliefen. Ihre Haut war viel zu bleich, und die Grenze von einer Tube Gel pro Kopf hatten sie weit überschritten. Außerdem hatten sie sich anscheinend geschminkt, ihre Gesichter wirkten nämlich unnatürlich blass. Ich glaube sogar, ihre Augen hatten verschiedene Farben. Als ich dann vorbeiging, fing die ganze Geschichte wieder von vorne an.

»Ey du, was glotzt du so blöd?«, sagte der Kleinste von ihnen.

»Ach, halt die Klappe.«

Wieder erhob sich die ganze Gruppe.

»Was hast du gesagt?«

»Soll ich euch jetzt auch noch die deutsche Sprache beibringen? Ich hab gesagt, der Kleine soll die Klappe halten.«

»Wie redest du mit uns, ya?«

»So wie eure Eltern.«

»Eyyyy, willst du beleidigen meine Mutter oder was?«

»Das brauch ich doch gar nicht. Du bist schon Beleidigung genug.«

Die Gruppe rückte mir immer weiter auf die Pelle. Ich war so gut wie geliefert, aber ich hatte zumindest meine Ehre bewahrt. Immerhin war ich nicht wie der Deutsche einfach so weggelaufen.

»Willst du uns verarschen? Wir machen dich in drei Sekunden kalt. Kennst du uns etwa nicht?«, fragte der Zwerg.

»Wer sollt ihr denn sein?«

»Wir sind Twilight-Genclik aus Meiderich, deine Fotze schläft bei mir, denn wir sind kaiserlich. Keine Angst vor Deutschen, Wölfen oder anderem Dreck, wir machen euch kalt, ihr seid nur ein Schandfleck. Wir beißen euch in die Ader, saugen euer Blut und fahren dann mit 8-Zylinder in unsere Hood.«, stellte sich einer rappend vor.

Auf so was war ich gar nicht gefasst. ›Genclik‹ heißt übersetzt ›Jugend‹. Sie waren also die Twilight-Jugend aus Duisburg. Mir war ja immer schon klar gewesen, dass diese Türken Deppen waren, aber dass solche Leute auch noch Vampirfilme mochten, war mir neu. Irgendwie verursachte der Film *Twilight* wohl auch bei meinen Landsleuten einen gewissen Kult.

»Gibt es *Twilight* jetzt auch auf Türkisch?«, fragte ich die Gruppe.

»Wieso fragst du? Bist du auch Türke, oder was?«

»Ja, glaub schon.«

»Bist du jetzt oder nicht?«

»Meine Eltern sind Türken.«

»Ey sorry, dann hauen wir dich nicht. Sag das doch gleich, ich dachte du wärst Deutscher oder so. Wir schlagen nur Deutsche und Werwölfe, das sind unsere Hauptfeinde.«

Und plötzlich ließen mich alle in Ruhe. Sie hatten gar nicht damit gerechnet, dass ich ein Türke bin, denn viele Leute können mein Aussehen nicht von dem eines Deutschen oder eines Werwolfs unterscheiden. Trotzdem kam ich mir irgendwie verarscht vor. Ich hatte mich innerlich schon auf eine Prügelei vorbereitet, bei der nur ich die Schläge kassieren würde. Aber am Ende war ich doch gerettet. Eins habe ich aber aus dieser Sache gelernt: Türken stehen total auf *Twilight*. Aber wahrscheinlich nur, weil sie auf Ashley Greene scharf sind.

Der türkische Friseur

»Verdammt, Mehmet, geh dir mal die Haare schneiden. Du siehst ja aus wie ein Hippie. Es reicht mir schon, dass du dich wie einer aufführst!«

Da waren sie wieder, die geistreichen Worte meines Vaters, der mich zum Friseur schicken wollte. Alle vier Monate dieselbe Masche. Dabei wusste er ganz genau, was meine Antwort darauf war: »Gib mir Kohle, du geiziger Kanake!«

Ja, richtig gehört, ich bezeichnete meinen Vater als geizigen Kanaken. Warum? Na, weil er einer ist. Jede Wahrheit braucht einen Mutigen, der sie ausspricht, auch wenn mit Prügeln geantwortet wird. Immerhin bekam ich das Geld. Kurz bevor ich rausgehen wollte, rief mein Vater mir noch hinterher: »Und grüß den Ahmet von mir!«

»Warum Ahmet? Heute geh ich mal zu einem deutschen Friseur«, wandte ich ein.

»Dann gib mir mein Geld wieder zurück.«

Da ich Geld generell nie zurückgebe, musste ich leider doch zu Ahmet gehen. Dabei hasste ich es, mir von ihm die Haare schneiden zu lassen. Er schnitt sie nämlich gar nicht, er rasierte sie nur. Zum Glück war aber seine Maschine so alt, dass man nach der Behandlung noch drei Millimeter lange Stoppeln erkennen konnte. Wäre seine Maschine nicht so großzügig gewesen, hätte ich wohl wie einer von diesen Skinheads ausgesehen. Ahmets Friseurladen befand sich direkt am Bahnhof. Sobald ich den Laden betrat, hörte man das Klingeln der Tür. Alle guckten mich an. Entsetzt stellte ich fest, dass die anderen Kunden keine Türken, sondern zum größten Teil Deutsche waren: Nur blonde Menschen mit blauen Augen saßen da herum. Alle wollten sich die Haare schneiden lassen, und das auch noch von Ahmet. Dabei fragte er noch nicht mal, wie man sie geschnitten beziehungsweise rasiert haben wollte, er bot keinen Service an, und eine Tochter hatte er auch nicht, geschweige denn eine hübsche. Was wollten die Deutschen also von ihm? Um das zu erfahren, musste ich jemanden ausfragen. Ein deutscher Junge in meinem Alter blickte mit großen Augen zu mir rüber. Wahrscheinlich bewunderte er mich. Das musste ich ausnutzen. Ich sah ihn so lange an, bis er von selbst etwas sagte:

»Ey, was guckst du? Willst du Passfoto oder was?«

Bei Allah. Das gab es doch gar nicht. Der Kerl machte mich glatt an, und das mit den übelsten Türkensprüchen. Mir fehlten die Worte. Zum Glück rief Ahmet ihn jetzt zu sich, so dass das unangenehme Gespräch unterbrochen wurde.

»Na, Christian, wie hätten wir es denn gerne?«, fragte Ahmet den deutschen Jugendlichen ganz nett und massierte dabei seinen Schädel.

»So wie immer, lieber Ahmet.«

Ich war schockiert! Seit wann konnte unser Ahmet denn Deutsch? Und seit wann war er so höflich? Ich traute meinen Augen nicht, als ich sah, wie Ahmet diesem Deutschen zuerst die Haare wusch, dann das Gesicht puderte und anschließend auch noch die Haare schnitt. Und zwar mit einer Schere! All die Jahre hatte ich nur gehorsam auf dem Stuhl sitzen dürfen, während Ahmet mir eine Glatze rasierte, und die Deutschen bekamen gleich so einen Luxusschnitt. Nachdem der Jugendliche fertig war, trocknete Ahmet noch ein letztes Mal seine Haare ab und servierte ihm zu allem Überfluss auch noch einen Tee. Das war eines der merkwürdigsten Dinge, die ich seit Langem erlebt hatte.

»Herbert, Sie sind als Nächster dran«, sagte Ahmet und bat einen Rentner zu sich. Der Verräter ließ einen alten Opa vor, nur weil der ein Deutscher war. Dieser hinterlistige Knoblauchfresser. Die Grüße von meinem Vater konnte er sich abschminken. Dann trickste Ahmet auch noch mit einem Feuerzeug und einem Faden bei diesem Rentner herum. Mit dem Faden entfernte er die Augenbrauen – was er mit dem Feuerzeug machte, weiß ich bis heute nicht. So was hatte ich bisher nur im Fernsehen gesehen. Ständig zeigte man da irgendwelche türkischen Friseure, die einem mit einem Feuerzeug an die Haare gingen. Das wurde immer als typisch türkisch bezeichnet, aber ich selbst habe so was noch nie erlebt. Nachdem der Rentner und danach auch noch ein Vater mit seinen zwei Blagen fertig waren, durfte ich mich endlich auf den Stuhl setzen. Dass er seinen Landsmann mindestens eine Stunde hatte warten lassen, interessierte Ahmet offenbar gar nicht. Schweigend bereitete er mich für den Haarschnitt vor. Hoffnungsvoll wartete ich ab, ob Ahmet mir ebenfalls so einen Luxusschnitt verpassen würde. In den letzten vier Monaten hatte er offenbar eine Menge dazugelernt. Ohne etwas zu sagen, holte er sofort seine Maschine raus und begann mit dem Rasieren. Ich hätte das ja gern verhindert, aber sobald ich mich bewegt hätte, wäre ein schlimmer Unfall passiert, deshalb saß ich schweigend auf dem Stuhl, bis Ahmet fertig war. Dann platzte mir aber der Kragen: »Verdammt, Ahmet, wer hat gesagt, dass ich wieder eine Glatze will? Und warum hast du die ganzen Deutschen vorgelassen?«

»Junge, was ist los mit dir? Dein Geld reicht doch nur für diese Frisur. Seit Jahren schon bringst du immer die gleiche Kohle mit, du zahlst immer noch D-Mark-Preise. Wir Friseure leiden auch unter der Finanzkrise und müssen teurer werden, aber dir ist das ja alles egal. Hauptsache du hast deine fünf Euro mit. Außerdem hatten die Deutschen alle einen Termin.«

»Und wieso bist du so nett zu denen?«

»Na, die geben schließlich auch mehr Trinkgeld. Ihr Türken bedankt euch doch nicht mal, wenn ich euch einen Tee spendiere.«

Verdammt, Ahmet hatte Recht. Die ganzen Jahre lang hatte ich gar nicht bemerkt, dass ich immer dasselbe zahlte. Schließlich hatte mir mein Vater auch immer dieselbe Summe gegeben. Und dann wurde mir endlich klar, wer schuld daran war, dass ich mit so einer lächerlichen Frisur herumlief: mein geiziger Vater.

Die hässliche Leyla

Eines Tages kam mein Vater völlig erschöpft von der Arbeit. Warum er erschöpft war, war mir nicht ganz klar, denn bei der Arbeit unterhält er sich normalerweise die ganze Zeit über mit seinen Kollegen und lenkt zwischendurch höchstens mal für zwei Minuten seinen Kran. Er selbst betrachtet sich jedoch als den idealen Vorzeigeproleten. Etwas angetrunken schleppte er sich mit letzter Mühe auf unser Sofa.

»Mehmet, komm her, wenn du dein Taschengeld willst.«

Das ließ ich mir natürlich nicht zweimal sagen. Er reichte mir einen Zwanziger, packte mich jedoch bei der Geldübergabe am Arm und ließ nicht mehr los.

»Na na na, nicht so schnell. Denkst du, ich arbeite den ganzen Tag und du kriegst dann einfach meine Kohle? Dafür musst du mir schon einen Gefallen tun.«

»Ich bin dein Sohn! Natürlich kriege ich dein Geld, ohne selbst etwas dafür zu tun. Das ist doch der Lauf der Natur.«

»Schwachsinn, der Lauf der Natur wäre, dass ich dich jetzt mit dem Gürtel schlage. Aber dafür bin ich viel zu erschöpft. Du kennst doch die Tochter von Mahmut, oder?«

»Die Leyla?«

»Ja genau. Mahmut ist unser neuer Vorarbeiter, und jetzt lässt er uns den ganzen Tag schuften. Und wenn wir nicht arbeiten, wird er uns beim Chef verpetzen. Deshalb will ich, dass du seine Tochter begattest.«

»Was?«

»Du sollst ihr einen Esel schenken.«

»Hä?«

»Mein Gott, du sollst sie schwängern, damit dieser dämliche Mahmut andere Sachen im Kopf hat.«

Ich war geschockt. Mein Vater wollte mich prostituieren, und das gerade mal für zwanzig Euro! Dabei war Leyla eines der hässlichsten Mädchen, die ich je gesehen hatte. Ihre Augenbrauen waren so dick wie der Bart von Reichskanzler Bismarck, so dass sie selbst dann mürrisch aussah, wenn sie gute Laune hatte.

»Muss ich sie dann auch heiraten?«, fragte ich vorsichtshalber nach.

»Ja, natürlich.«

»Aber doch nicht für einen Zwanziger!«

»Du hast Recht, das ist wirklich ziemlich wenig. Ich bezahle euch auch noch den Hochzeitskuchen.«

»Nein, ich will die nicht.«

»Wie, nein? Seit wann darfst du darüber entscheiden, wie ich über dein Leben bestimme? Ich bin dein Vater und du musst auf mich hören, denn ich will ja nur das Beste für dich.«

»Du denkst doch nur an dich und deine dämliche Arbeit!«

»Mehmet, so kannst du nicht mit deinem Vater reden! Du wirst mir Respekt zeigen und dieses hässliche Mädchen heiraten.«

»Nein!«

»So, jetzt reicht's mir. Geh in dein Zimmer und bleib so lange dort, bis du wieder zur Vernunft kommst.«

Vor lauter Angst lief ich wirklich in mein Zimmer. Diesmal hatte es mein Vater geschafft, das war der Gipfel! Gegen meinen Willen musste ich ein Mädchen heiraten, das ich gar nicht richtig kannte. Wenn diese Leyla wenigstens hübsch gewesen wäre, dann hätte ich das sowieso alles freiwillig gemacht, aber so nicht. Die ganze Nacht machte ich Pläne, wie ich mit möglichst wenig Geld aus meinem Elternhaus ausziehen konnte. Zuvor musste ich das aber nochmal alles klären. Ich nahm meinen ganzen Mut zusammen und sprach am nächsten Morgen in aller Ruhe mit meinem Vater.

»Baba, wenn du mich wirklich verheiraten willst, dann ziehe ich fort und werde Guerillakämpfer.«

»Was für eine Heirat? Was für ein Gorilla? Bist du nicht zu jung für so was? Kümmer dich lieber um die Schule.«

»Aber du ...«

»Was ich? Wieso nimmst du mich eigentlich immer nur dann ernst, wenn ich betrunken bin? Jetzt geh mir aus dem Weg, ich muss zur Arbeit.«

Er nahm seine Tasche und ging. Ich hatte mich also völlig umsonst aufgeregt. Wenn es eine Art von Türken gibt, die ich überhaupt nicht leiden kann, dann sind das die Konservativen, wenn sie betrunken sind.

Der Babyname

Die Familie Akyazi hatte wieder Zuwachs bekommen. Die deutschen Politiker haben schon Recht, wir Türken vermehren uns in Deutschland wie die Karnickel. Das war jetzt schon das zweite Kind meiner Tante. Mit der gesamten Sippschaft gingen wir sie im Krankenhaus besuchen. Das Kind war wie all die anderen Kinder in der Familie im St.-Johannes-Hospital in Duisburg zur Welt gekommen. Ich hatte fürchterliche Angst vor diesem katholischen Krankenhaus, denn fast überall hing ein Jesus am Kreuz, und manchmal liefen Nonnen frei herum. Es sah auch alles ziemlich furchterregend und düster aus. Im Zimmer meiner Tante waren noch zwei andere Frauen. Die eine hatte Hämorrhoiden und die andere litt an Gelbsucht, und wir hielten einen gewissen Sicherheitsabstand zu ihnen. Unsere neue Cousine lag in den Armen meiner Tante. Wie eine wertvolle Ware wurde sie herumgereicht, und jeder guckte sie sich genau an.

»Sie sieht genauso aus wie der Vater«, sagte meine Mutter.

»So ein Schwachsinn, das Kind sieht nach gar nichts aus, es ist voll hässlich«, knurrte mein Onkel Murat schlecht gelaunt.

»Was ist denn mit dir los?«, fragte mein Vater.

»Das Amt nimmt wahrscheinlich meinen Wunschnamen für das Kind nicht an.«

»Warum das denn?«

»Die Schwestern meinten kichernd, das Amt würde ihn nicht bestätigen; nur weil es ein deutscher Name ist. Wenn die Eltern Türken sind, dann muss der Name des Kindes auch türkisch sein, das war schon immer so, haben sie gesagt. Ich will meinem Kind aber einen deutschen Namen geben, damit es eine sichere und bessere Zukunft hat. Bei einem türkischen Namen wird es nur Probleme geben. Stell dir vor, die Wahrscheinlichkeit, dass eine Bewerbung mit einem türkischen Namen angenommen wird, ist zu 24% geringer als bei einem deutsch klingenden Namen«, klärte uns mein Onkel auf.

Natürlich war die Idee meines Onkels genial, doch es war einfach nur traurig, dass wir in Deutschland auf solche Tricks angewiesen sind. Mein Vater versprach, ihm zu helfen, damit er den Namen beim Amt auch bestätigt bekam: »Es ist doch unser Recht, unser Kind so zu nennen, wie wir wollen. Wenn wir einen deutschen Namen wollen, dann sollen sie uns das auch erlauben. Warum dürfen unsere Kinder nicht Peter oder Dieter heißen? Kein Wunder, dass die Integration scheitert. Es ist immer das Gleiche – zuerst bauen die deutschen Behörden Scheiße, und danach gibt man uns die Schuld!«

Mein Onkel Murat und mein Vater nahmen mich ebenfalls mit zum Standesamt, weil keiner von ihnen richtig Deutsch konnte. Natürlich hatte ich überhaupt keine Lust, wieder mal mit sturen Beamten zu diskutieren, und nahm mir vor, mich zurückzuhalten.

»Zunächst einmal brauchen wir Ihre Ausweispapiere«, sagte die Frau beim Standesamt.

Mein Onkel griff in die Tasche, doch anscheinend war da nichts.

»Ich hab vergessen«, sagte er zu der Beamtin.

»Ja, dann müssen Sie die wohl von zu Hause holen.«

»Können Sie Ausnahme machen?«

»Nein.«

Mein Onkel fuhr kurz nach Hause und ließ uns zwanzig Minuten warten. Als er wieder da war, konnten wir es erneut versuchen.

»Ich brauche aber die deutsche Übersetzung Ihrer Heiratsurkunde.«

»Warum?«

»Weil die hier auf Türkisch ist.«

Mein Onkel ging kurz mit mir auf die Toilette. Schnell musste ich alles übersetzen. Danach überreichten wir meine Krickelschrift der Beamtin.

»Na gut.« Diesmal gab sie überraschend schnell auf. »Bitte füllen Sie dieses Dokument aus.«

Sie reichte meinem Onkel ein Formular, in das er seinen Namen, den Namen meiner Tante und den des neuen Kindes einzutragen hatte. Außerdem fragte man nach dem Geburtstag des Kindes und der Anschrift beider Eltern. Mein Onkel füllte alles aus.

»Mal sehen, ob die Sache mit dem deutschen Namen klappt«, flüsterte er uns zu.

»Das können wir nicht machen«, sagte die Beamtin, als sie das Dokument las.

»Warum denn nicht?«

Mein Vater stand sofort auf und beschwerte sich lautstark:

»Wieso dürfen wir unseren Kindern keine deutschen Namen geben? Wo ist die Freiheit in diesem Land? Wo ist die Gerechtigkeit?«

Die Beamtin motzte aber stattdessen meinen Onkel an. »Das Kind soll Aldi heißen? Sie können es doch nicht ernsthaft nach einer Handelskette benennen!«

Damit hatten wir nicht gerechnet. Sofort setzten wir

uns und hielten die Klappe. Anscheinend hatten ausnahmsweise mal die Beamten Recht. Als mein Onkel erkannte, dass wir seine Position nicht unterstützten, schrieb er den Namen auf, den meine Tante haben wollte. Von nun an hieß das Kind Mahir.

»Warum wolltest du dein Kind denn überhaupt Aldi nennen?«, fragte mein Vater ihn leicht verärgert auf dem Nachhauseweg.

»Weil es das einzige Wort ist, das meine Frau auf Deutsch kann.«

Die Kundenbetreuung

Mein Vater ist ein richtiger Klischeetürke. Er ist überzeugter Nationalist, Teestubenbesucher und hat sein eigenes Deutsch erfunden. Seinen Sprachhorizont hat er sogar so weit entwickelt, dass er eigene Schimpfwörter kreieren kann: »Arschmann«, »Pimmelkopf« und »Minibusfahrer« gehören dabei zu meinen Favoriten. Als er bei unserem Telefonanbieter anrufen musste, weil unser Internetmodem nicht richtig funktionierte, stellte er dann wieder einmal sein ganzes sprachliches Können unter Beweis. Mein Vater zeigte bei solchen Sachen immer vollen Einsatz, denn er wollte damit demonstrieren, dass er das auch ohne mich regeln konnte.

»Ich kann das auch alleine«, sagte er zu mir, als ich ihm meine Hilfe anbot. Wahrscheinlich fühlte er sich in seiner Ehre gekränkt.

»Bitte warten Sie einen Moment, ein Kundenberater wird sich gleich um Sie kümmern«, sagte die automatische Frauenstimme am Telefon.

»Okay«, antwortete mein Vater. Es ertönte irgendeine Melodie, und mein Vater wurde langsam sauer.

»Was ist das? Fahrstuhlmusik oder was?«, fragte er leicht gereizt.

Nach zehn Minuten dudelte immer noch die gleiche Melodie. »Scheißen Dreck, wie lange brauchen die?«, sagte er zu sich selbst.

Nach zwanzig Minuten hielt er sich das Telefon immer

noch sehr konzentriert ans Ohr. Er sah bereits sehr aufgebracht aus.

»Guten Tag, Müller am Apparat, wie kann ich Ihnen helfen?«, ertönte endlich eine menschliche Stimme.

»Hömma, ich warten seit zwei Stunden auf Anruf, wo bleiben?«, erwiderte mein Vater.

»Wie bitte?«

»Mein Internet kaputt.«

»Okay, was genau funktioniert denn nicht?«

»Alles, ich kann nicht Internet. Frauenseiten funktionieren nicht.«

»Ich leite Sie mal weiter«, sagte der Mann. Mein Vater konnte es nicht fassen. Er war gerade so in Rage, dass er selbst nicht mehr wusste, was er sagen sollte. Vor allem das mit den Frauenseiten kam mir merkwürdig vor. Es war wohl einfach so aus ihm herausgeplatzt, normalerweise behielt er so was für sich, wie jeder türkische Mann. Wieder musste er sich dieselbe Melodie zwanzig Minuten lang anhören.

»Scheißen Telefonmann«, schimpfte er beim Warten.

»Guten Tag, Ernst hier, wie kann ich Ihnen helfen?«, meldete sich nun eine Frauenstimme.

»Mir nicht helfen, Internet helfen.« Offenbar versuchte mein Vater, einen Witz zu machen, doch die Frau reagierte nicht.

»Also gut, was genau ist Ihr Problem?«

»Mein Modem kaputt, alles leuchtet blau.«

»Was für ein Modem haben sie denn?«

»Weiß mit Knöpfen.«

»Nein, wie heißt das Modem?«

»Ahmet ... Keine Ahnung, hab Modem nie Namen gegeben!«

»Ich leite Sie mal weiter«, sagte die Frau. Wieder musste

mein Vater warten, und wieder ertönte diese grauenhafte Melodie. Ich konnte das gar nicht mit ansehen. Mein Vater war außer sich. Seine Hände zitterten bereits vor Wut.

»Guten Tag, Uljanow chier, wie kann ich chelfen?«, fragte nun eine russische Angestellte.

»Ich brauch Internet.«

»Acha, worum geht es genau?«

»Mein Modem.«

»Was funktionieren nicht?«

»Knöpfe blau leuchten.«

»Welche Farbe mussen sie denn leuchten?«

»Rot.«

»Sie meinen chalso, sie mussen rot leuchten.«

»Ja.«

»Ich leite Sie weiter, bitte warten.«

Es war nicht mit anzuhören. Einer sprach schlechter Deutsch als der andere. Und offensichtlich konnten auch die Russen meinen Vater nicht retten. Er stand kurz vor einem Wutausbruch. Ich hatte Angst, dass er gleich einen Herzinfarkt kriegte.

»Das ist der letzte Arschmann«, sagte er warnend. Nach zwanzig Minuten kam unsere Rettung, der Nächste meldete sich mit einem türkischen Namen. Ich war erleichtert. Jetzt konnte mein Vater alles erklären, denn auf Türkisch kann jeder Migrant in Deutschland seine Probleme lösen.

»Guten Tag, Isik hier, wie kann ich Ihnen helfen?«

Sofort legte mein Vater auf. Er hatte kein Wort gesagt, obwohl ihn doch gerade ein Türke betreuen wollte.

»Baba, warum hast du aufgelegt? Der Typ war doch Türke!«

Er legte seine Hand väterlich auf meinen Kopf.

»Weil die Türken mich immer verarschen, mein Sohn.

Wenn ich eins in Deutschland gelernt habe, dann, dass man seinen eigenen Landsleuten niemals trauen darf. Sie belügen, betrügen und verraten einen um jeden Preis, denn in diesem Land sind sie auch nur hinter dem Geld her. Wir sind arme Kanaken, die Geld brauchen, also nehmen wir es entweder den Deutschen weg oder betrügen uns gegenseitig.«

Das war ja nun völliger Quatsch. Es war ja nur ein dämlicher Angestellter gewesen, wieso hätte er ihn betrügen sollen? Da wollte er endlich mal etwas selbst in die Hand nehmen, und dann ließ er sich aus Prinzip nicht helfen. Mit dieser Logik konnte er zwar unser Modem nicht reparieren, aber dafür habe ich eines aus der Sache gelernt: In diesem Land sollte man sich auf niemanden verlassen, noch nicht mal auf die Deutschen, denn die leiten unsere Probleme auch nur weiter.

Der türkische Gigolo

Das Leben könnte so viel einfacher sein, wenn man Geld hätte. Ich als einfacher Arbeitersohn besitze fast gar nichts, noch weniger als mein Vater. Und der hat überall Schulden, selbst beim Kaugummiautomaten. Vor der Finanzkrise hat er nämlich in Aktien investiert, weil er dachte, dass sie gar nicht tiefer fallen könnten. Und jetzt muss sogar ich für die Krise büßen, nur weil er anfing, etwas wirtschaftsliberaler zu denken. Ich musste also irgendwoher Taschengeldersatz auftreiben – natürlich ohne groß zu arbeiten. Die Schule war nämlich schon Ausbeutung genug. Meine Satiren konnte ich auch nicht verkaufen, außer mir wollte die niemand lesen. Es gab nur einen Ausweg: Ich musste mich prostituieren. Mir sind bei den Frauen Charakter oder Aussehen ja sowieso egal – und jetzt konnte ich dabei auch noch Geld kassieren! Anscheinend gab es überhaupt keine Nachteile bei diesem Geschäft. Natürlich konnte ich mich nicht beim nächsten Bordell eintragen, solche Etablissements waren mir sowieso viel zu kriminell. Ich wollte es mir viel einfacher machen. Die wohlhabendste Straße in ganz Nordrhein-Westfalen liegt in Düsseldorf: die Königsallee. Dort laufen alle C-Promis und die Reichen rum, die zu arm oder zu unbekannt sind für München, Hamburg oder Berlin. Bestimmt gab es dort potenzielle Kunden für mich. Also stellte ich mich am Freitagabend vor eine Laterne auf den Bürgersteig. Die ganzen Leute liefen einfach an mir vorbei, ohne mich auch nur anzugucken. Kein Wunder, ich sah auch überhaupt nicht verführerisch aus. Deshalb kam ich am nächsten Abend mit einer kürzeren Hose an. Ich hatte einfach meine Jeans abgeschnitten. Aber wieder liefen die Leute vorbei, ohne mich auch nur anzugucken. Erst, als ich mein Hemd auszog, erntete ich endlich ein paar Blicke.

»Mann, hat der viele Brusthaare«, hörte ich eine Frau flüstern.

»Wo die herkommen, gibt es noch viel mehr«, sagte ich in der Hoffnung, dass sie anbeißen würde, doch stattdessen lief sie ganz schnell weg. Satte zwei Stunden lang stand ich also einfach nur blöd an der Laterne und wartete auf Kundschaft. Irgendwann kam ein Mann auf mich zu. Ob das ein Zivilpolizist war?

»Hey Süßer, wie viel kostest du denn?«, fragte er. Ich war geschockt. Mir fehlten die Worte, denn darauf war ich nicht gefasst gewesen. Zwar bin ich sehr tolerant und respektiere alle sexuellen Orientierungen, aber mein Ding war das trotzdem nicht.

»Ich geb dir hundertfünfzig für zwei Stunden«, bot er mir an. Das war sehr viel Geld! Ich wusste nicht, ob ich das wirklich tun sollte. Es war meine einzige Chance Geld zu verdienen. Ich müsste nur für eine kurze Zeit meine Augen schließen. Außerdem tat ich es ja nicht freiwillig, sondern aus materieller Not. Doch dann beschloss ich, dass meine materielle Not doch nicht so groß war.

»Sorry, Mann, ich bin hetero«, sagte ich beschämt, und lief ganz schnell weg, während der Typ mir seine Visitenkarte hinterherschmiss. Daraufhin wechselte ich den Standort. Das Geschäft lief aber immer noch schlecht. Irgendwann kam eine Clique von Mädchen vorbei. Bestimmt hatte eine von ihnen reiche Eltern, sonst würden sie hier überhaupt nicht rumlaufen. Deshalb beschloss ich, mich an sie ranzumachen. Ich versuchte es mit einer ganz alten Masche, die früher sehr beliebt gewesen war. »Ey, habt ihr mal ne Kippe für mich?«

»Na klar, hier«, sagte ein blondes Mädchen und bot mir eine Zigarette an. Vielleicht war sie meine erste Kundin. Zu meinem Glück sah sie gar nicht mal so schlecht aus.

»Sag mal, bist du nicht viel zu jung und hübsch zum Rauchen?«, baggerte ich sie ein wenig an.

»Na ja, ich weiß nicht.«

»Doch, doch, du willst diese Schönheit doch nicht aufs Spiel setzen, oder?«

Sie wurde ein wenig rot und begann zu lächeln.

»Ich bin der Mehmet, aber nenn mich einfach Memo.« Ich hielt ihr meine Hand hin.

»Ich bin die Clara.«

»Okay Clara, normalerweise nehme ich acht Euro die Stunde, aber für dich gehe ich auf sieben Euro runter.«

»Was?«

»Na ja, wenn du nur kuscheln willst, können wir auch fünf machen.«

»Du hast sie wohl nicht mehr alle!«

Clara verschwand lachend mit ihren Freundinnen. Unverschämtheit. Irgendwie kam ich mir verarscht vor. Was machte ich da überhaupt? Ich betrachtete mein Spiegelbild in einem Schaufenster. Mit den kurzen Hosen sah ich wirklich fürchterlich aus. War ich vollkommen bescheuert? Ich wollte meinen Körper für Geld verkaufen. Liebe vortäuschen, nur um mich finanziell über Wasser halten zu können. Ich hatte mich selbst lächerlich gemacht. Was war nur aus mir geworden? Ein armer Türke, der versuchte, sich an reiche Frauen ranzumachen. Sogar einen Mann hätte ich fast begattet. Irgendwie ekelte ich mich an. Eins habe ich aber aus dieser Sache gelernt: Das Geld kommt nicht von allein, selbst dann nicht, wenn man sich anstrengt.

Kurzarbeit

Mein Vater nervte mich seit Monaten. Ständig war er zu Hause und tat gar nichts. Man hatte ihn nämlich in Kurzarbeit geschickt. Während der Krise wollten die Leute anscheinend keinen Stahl mehr haben. Nun lungerte er den ganzen Tag herum, ging einmal die Woche arbeiten und kriegte auch noch weniger Lohn als vorher. Aber irgendwie nervte mich seine ständige Anwesenheit. Weil er nämlich immer meine Sachen durchstöberte, wenn ich nicht da war. Er hatte schon alle Spiele auf der Konsole durchgespielt, und einmal hatte ich ihn sogar dabei erwischt, wie er sich Bilder auf meinem Laptop angeguckt hat. Bilder von Mädchen, die sich betrunken auf mich gestürzt hatten.

»Dieser verdammte Eselssohn«, hörte ich ihn flüstern. Dabei war ich mir nicht sicher, ob er sauer war oder einfach nur neidisch. Auf jeden Fall war ich nicht der Einzige, der sich über ihn beschwerte. Meine Schwester kriegte weniger Geld, so dass sie sich nur noch zwei Schminkkoffer pro Tag leisten konnte, und meine Mutter verstand nicht, wieso er in seiner Freizeit nicht wenigstens mal einkaufen ging. Aber er nahm ja noch nicht mal an den Demonstrationen teil, die seine Gewerkschaft organisiert hatte. Stattdessen saß er faul auf dem Sofa und schaute sich türkische Nachrichten an.

»Was schaust du dir denn da an?«, fragte ich. »Faul bist du schon, und jetzt verblödest du auch noch. Normale Arbeiter gehen entweder demonstrieren oder trinken ihre Sorgen weg!« Ich versuchte, ihn ein wenig aufzustacheln, doch stattdessen machte er es sich auf dem Sofa nur noch gemütlicher und ignorierte mich ganz einfach. Nach drei Tagen kam ein Anruf. Die Kurzarbeit würde noch länger dauern als geplant, und die Arbeiter sollten sich nicht beschweren, da die einzige andere Alternative ihre Entlassung wäre. Nun wurde mein Vater doch ein wenig wütend.

»Es muss etwas getan werden!«, rief er. Plötzlich fing er an, sich zu pflegen. Jeden Tag rasierte er sich, schnitt seine Fingernägel und cremte sich regelmäßig die Haut ein. Er klaute sogar Anziehsachen aus meinem Schrank und lief den ganzen Tag mit meiner Jogginghose und meinem Marilyn-Monroe-Shirt herum. Sein Verhalten wurde auch immer merkwürdiger. Wieder rief die Firma an: Die Kurzarbeiter sollten noch ein wenig länger kurzarbeiten, da man für eine gewisse Zeit Praktikanten als Ersatz gefunden hatte. Mein Vater konnte es kaum fassen. Er ging jetzt regelmäßig in die Teestube, um dort über Politik zu diskutieren. Von Tag zu Tag verlor er immer mehr an Selbstwertgefühl. Langsam begann er sogar, mich als seinen leiblichen Sohn anzuerkennen, was ihm jedoch sehr schwerfiel. Ich machte mir große Sorgen um ihn.

»Mehmet, wenn du in deinem Leben wirklich etwas erreichen willst, dann streng dich in der Schule bitte an. Guck mal, in was für einer Lage ich bin. Ständig muss ich um meinen Job bangen, aber wenn du eine gute Qualifikation hast, dann wirst du eines Tages die Person sein, die über das Schicksal der anderen bestimmen kann«, sagte er zu mir.

»Wie wäre es denn, wenn gar niemand über andere bestimmen würde?«, fragte ich.

»Ach, mit dir kann man auch über gar nichts reden.«

Er war halt ein typischer Türke. Bei ihm musste eine Diskussion stets sinnlos und lautstark sein. Am Abend riefen sie noch mal an. Die Demonstrationen der Gewerkschaften hatten Erfolg gehabt: Die Arbeiter mussten nicht mehr kurzarbeiten, da man woanders ein paar Kürzungen vorgenommen hatte: Allen neu angestellten war gekündigt worden, und das Weihnachtsgeld hatte man auch gestrichen, zumindest für die muslimischen Arbeiter.

»Ich wusste es doch, das Warten hat sich gelohnt«, sagte mein Vater voller Stolz auf sich selbst.

Der Verrat

Einer meiner Verwandten ist ein Spion. Plötzlich wussten meine Eltern besser über mich Bescheid als ich selbst. Sie haben sogar mitgekriegt, dass ich letzte Woche auf einer Demonstration festgenommen wurde, nur weil ich versucht hatte, mich an eine weibliche Polizistin ranzumachen. Von solchen Erlebnissen erzählte ich eigentlich nur meinen Cousins, und das machte sie zu den Hauptverdächtigen. Man darf wirklich niemandem trauen, noch nicht mal seinem eigenen Blut. Wahrscheinlich hatten diese Verräter von meinen Eltern auch noch eine Belohnung kassiert. Sie würden mich sicher für alles verpfeifen, sogar für einen Esel. Jetzt wollte ich herausfinden, wer von ihnen der Verräter war. Deshalb trommelte ich alle meine Cousins zusammen und organisierte so eine Art Familienessen für sie. Zu Hause kriegten sie nicht viel, deshalb war das eine gute Strategie, um sie anzulocken. Es kamen auch fast alle, bis auf diejenigen, die etwas weiter weg wohnten und deshalb sowieso nicht weiter verdächtig waren. Da saßen nun alle mit mir an einem Tisch, und einer von ihnen war der Verräter. Vor ihnen stand ein Teller voll mit Früchten.

»Greift zu«, forderte ich sie auf. Jeder außer mir bediente sich. Ich musste ja auf etwas Verdächtiges achten. Alle aßen, als wären sie gerade aus dem Zoo entlassen worden. Wie die Tiere stürzten sie sich auf das Obst, nur mein Cousin Ismet aß seinen Apfel sehr vorsichtig. Er guckte ihn sich vorher sogar genau an. Da wusste ich, dass er der Verräter war. Er traute meinem Apfel nicht, weil er Angst vor mir hatte. Er hatte Angst, dass ich herausgefunden hatte, dass er der Verräter war. Jetzt dachte er wohl, ich würde versuchen, ihn mit dem Apfel zu vergiften.

»Was ist los, Ismet? Schmeckt dir der Apfel nicht?«, fragte ich ihn.

»Nee, ich hab nicht so viel Hunger«, antwortete er sehr nervös.

Jetzt hatte ich ihn. Ich war mir hundertprozentig sicher, dass er der Verräter war. Ansonsten hätte er nicht so zögerlich geantwortet. Irgendwas musste ich mir für ihn einfallen lassen. Ich durfte ihn nicht ungestraft davonkommen lassen. Nach dem Essen ging ich zu ihm.

»Ismet, ich will dir ein Geheimnis verraten. Erzähl aber niemandem etwas davon, okay?«

»Ja, was denn?«

»Du darfst es aber wirklich nicht weitererzählen, du bist der Einzige, dem ich so was anvertrauen kann.«

Er beugte sich vor und spitzte die Ohren. Ich begann zu schluchzen. Ich schauspielerte so gut, dass mir sogar Tränen in die Augen stiegen.

»Ich weiß nicht, ob ich dir das erzählen kann. Es ist etwas sehr Schlimmes.«

»Mehmet, du kannst mir doch vertrauen, ich bin dein Cousin, Mann, wir haben zu einem Viertel das gleiche Blut. Deine Probleme sind meine Probleme.«

»Okay, es ist wegen meinem Vater ...«, log ich.

»Was denn?«

»Ich glaube ... ich glaube, er betrügt meine Mutter.«

»Waaaas?«

»Letztens hab ich mir sein Handy ausgeliehen, und ständig schickt er damit so einer Veronica merkwürdige

SMS. Weißt du vielleicht, was ILD oder <3 bedeuten sollen?«

Mein Cousin war außer sich. Er wurde ganz weiß im Gesicht. So eine Affäre war das Schlimmste, was einer konservativen türkischen Familie passieren konnte. Die ganze Ordnung wäre mit einem Schlag dahin. Ismet war entsetzt, ihm fehlten die Worte. Mein Racheplan war genial. Nun konnte er nichts mehr ausplaudern. Er würde niemals riskieren, die Familie Akyazi zu zerstören. Ich hatte den Schwätzer zum Schweigen gebracht. Er würde an seinem Geheimnis ersticken. Das war der größte psychische Schaden, den ich bei ihm anrichten konnte. Nun saß er schweigend auf dem Sofa und guckte die ganze Zeit mich und meine Schwester an. Wahrscheinlich hatte er Mitleid mit uns. Was für ein Triumph, was für ein Geniestreich!

Am nächsten Tag stritten sich meine Eltern. Sie lieferten sich heftige Wortgefechte. Mein Vater zeigte meiner Mutter sogar sein Handy und beteuerte immer wieder, dass er noch nie etwas von Veronica gehört hätte. Ich konnte es nicht fassen, dieser dämliche Ismet hatte selbst in dieser Situation seine Klappe nicht halten können. Was war das nur für ein Mensch? Die ganze Sache wurde mir zu heikel, ich ging zu meinen Eltern, um die Sache zu klären.

»Mama? Baba? Der Ismet hat ein böses Gerücht in die Welt gesetzt, um euch auseinanderzubringen. Er war sauer, weil Baba ihm zum Opferfest kein Geld gegeben hat. Und deshalb hat er diese ganze Geschichte mit Veronica erfunden. So eine Frau kennt er wirklich nicht.«

Mein Vater wurde vor Wut ganz rot im Gesicht.

»Na, der kann was erleben!«

Seitdem hat Ismet aufgehört zu reden. Ohne dieses Lästermaul war die Familie Akyazi auch nicht mehr so zerstritten. Alle redeten nur noch nett über die anderen. Wir vertrugen uns viel besser. Komischerweise wurde ich aber immer noch von jemandem ausspioniert, wahrscheinlich gab es mehrere Verräter in der Familie.

Der notgeile Kanake

Irgendwie hat sich mein Geschmack für Mädchen in den letzten Jahren drastisch verändert. Ich steh nicht mehr auf blonde deutsche Frauen mit kleinen Brüsten. An die komm ich als Ausländer sowieso nicht ran. Seit Neuestem interessiere ich mich nur noch für meine eigenen Landsleute und habe auch meinen Geschmack radikal umorientiert: Schwarze Haare, braune Augen und zu viel Lippenstift, das sind jetzt die Dinge, die mein türkisches Herz zum Klopfen bringen. Um an möglichst viele Mädchen ranzukommen, habe ich mir die tollsten Anmachsprüche aus dem Internet geholt. Wär ich eine Frau, dann würd ich sofort über mich selbst herfallen, aber irgendwie mögen die türkischen Mädchen meine Sprüche dann doch nicht:

»Hey, ist es wirklich so heiß, oder liegt es nur an dir?« So machte ich mich an ein türkisches Mädchen in der Straßenbahn ran.

»Keine Ahnung, auf jeden Fall stinkst du nach Schweiß.«

Die Situation war mir sehr unangenehm, vor allem, weil uns die anderen Leute dabei zugehört hatten. Ganz schnell flüchtete ich ans andere Ende der Straßenbahn. Dort saß noch ein türkisches Mädchen seelenruhig auf ihrem Platz. Sie war genau nach meinem Geschmack. Ihre Augenbrauen waren so dünn wie eine Feder, wahrscheinlich zupfte sie sie jeden Tag. So eine musste einfach auf meine Sprüche stehen. Ich ging zu ihr rüber und machte sie an: »Hast du dir eigentlich sehr wehgetan, als du vom Himmel gefallen bist?«

»Nicht so sehr wie du, als du aus dem Arschloch des Teufels gekrochen bist.«

Mein Gott, eine Antwort war schlimmer als die andere. Ich zog mich zurück und setzte mich schweigend auf meinen Platz. Irgendetwas stimmte nicht an meinen Anmachtechniken. Die nächsten paar Haltestellen bekam ich keine hübschen Mädels mehr zu sehen. Zwischendurch stiegen noch ein paar Türkinnen mit blonden Haaren oder Kopftüchern ein, aber so welche hätten mir nur Probleme gemacht. Blonde Türkinnen sind nämlich meistens zu sehr integriert und die mit Kopftüchern zu wenig. Etwas enttäuscht stieg ich dann an meiner Haltestelle aus. Auf dem Weg kam mir plötzlich ein hübsches türkisches Mädchen entgegen, deren Gesicht ich aber nicht richtig erkennen konnte. Auf jeden Fall hatte sie sehr rote Lippen und eine tolle Figur, diese Punkte reichten mir schon völlig. Als ich sie langsam verfolgte, wurden ihre Schritte immer schneller. Eilig versuchte sie, mir zu entkommen, doch ich ließ nicht locker. Ich verfolgte sie auf Schritt und Tritt. Sie sah sich kurz um und fing dann fast schon an zu rennen. Auch ich wurde immer schneller, denn sie war meine letzte Chance für heute. Als ich sehr dicht hinter ihr stand und ihr etwas ins Ohr flüstern wollte, fing sie an zu schreien: »Verdammt, Mehmet, ich bin deine Cousine, du notgeiler Kanake!«

Das war das letzte Mal, dass ich mich an türkische Mädchen rangemacht habe. Wo die Familie anfängt, hört die Liebe für mich auf. Ab jetzt mach ich mich nur noch an Russinnen ran, die beschimpfen mich wenigstens nicht als notgeilen Kanaken.

Der türkische Bruder

Bald waren endlich wieder Osterferien. Das war mit einer der Gründe, warum ich diese christliche Kultur so liebte. Man feierte die Auferstehung von Jesus, obwohl man nicht an Gott, geschweige denn an seinen Sohn glaubte. Damit dieses Fest noch sinnvoller erschien, malte man Eier an, ließ Häschen rumhüpfen und gab den schuftenden Schülern ihre wohlverdiente Pause. Ich aber durfte natürlich nicht wie meine deutschen Kollegen in den Ferien vor dem Fernseher herumlungern. Mein Vater erwartete nämlich von mir, dass ich jeden Tag arbeiten ging. Dieser Hetzer duldete kein ›Nein‹ als Antwort, dann hätte er mir wieder mit Zwangsheirat oder Militärdienst in der Türkei gedroht.

Die Arbeitsstelle durfte ich mir natürlich nicht selbst aussuchen. Ich musste in der Trinkhalle »Trink Murat« meines Onkels helfen, der zufällig Murat hieß. »Trink Murat« lag ziemlich genau an der Grenze zwischen einer türkischen und einer deutschen Wohnsiedlung in Duisburg. Die Türken kauften dort ein, weil der Ladenbesitzer Türke war, und die Deutschen kauften dort ein, weil es ein typisch deutscher Laden war. Mein Onkel Murat hätte einen Preis verdient, weil er die zwei Kulturen so perfekt in seinem Laden vereinte. Aber in Deutschland kann man für so was ja keinen Preis gewinnen. Erst wenn man die orientalische Kultur abgrundtief erniedrigt, bekommt man eventuell eine gewisse Anerkennung. Diese Taktik verwenden auch verschrumpelte Sozialdemokraten, deren Bücher dann noch zu Bestsellern werden.

Jeden Tag von mittags um zwei bis abends um sechs musste ich dort also meine Zeit vergeuden. Mein Vater hatte es wieder einmal geschafft, meine Ferien zu ruinieren. Aber ich würde ihm das schon noch heimzahlen, indem ich später eine deutsche Frau heiratete. Auffällig war, dass die Deutschen immer pünktlich zu einer bestimmten Zeit den Laden betraten und die Türken immer sehr unregelmäßig kamen. Außerdem sind die Deutschen sehr gesprächig, was bei den Türken nicht der Fall ist. Man merkte, wie schwer den Türken das Leben in Deutschland zugesetzt hatte. Nicht umsonst weigern sie sich schließlich seit fünfzig Jahren, die Sprache anständig zu lernen. Aber ich kann das alles verstehen. Wenn ich auf jemanden sauer bin, dann spreche ich auch kein Wort mehr mit ihm.

Eines Tages saß ich wie immer auf meinen vier Buchstaben und trank meinen türkischen Tee, als plötzlich eine hübsche Türkin hereinkam.

»Selam, bist du neu hier?«, fragte sie mich neugierig.

»Ja, ich arbeite hier aber nur in den Ferien«, antwortete ich etwas nervös, weil sie so schön war.

»Ist ja prima. Damit du es weißt, ich wohne gleich um die Ecke.« Sie zwinkerte mir kurz zu.

Oh, mein Allah, die hübscheste Türkin weit und breit machte sich an mich ran, und das, wo ich mir noch nicht mal Gel ins Haar geschmiert hatte. Mir fehlten die Worte. Wie sollte man aber nun darauf reagieren? Was sollte ich sagen? Wie war wohl ihr Vater drauf? Hatte sie Brüder? Warum trug sie kein Kopftuch? Tausend Fragen schwirrten mir durch den Kopf.

»Ich hätte gern eine Milchschnitte«, weckte sie mich aus meinen Gedanken und öffnete ihre Geldbörse.

»Hier, geht aufs Haus.«

»Dankeschön, das ist echt süß von dir. Ich heiße Sibel, und du?« Sie nahm die Milchschnitte erfreut an und verschlang sie genüsslich vor meinen Augen.

»Ich heiße Mehmet, meine Freunde nennen mich Memo.«

»Was für ein Zufall. Mein Bruder heißt auch Mehmet!«

»Du hast einen Bruder?«, fragte ich enttäuscht.

»Ja, und er mag es nicht, wenn ich so lange weg bin. Also, dann gehe ich mal wieder, danke für die Milchschnitte, ist echt süß von dir, Memo«, verabschiedete sie sich und zwinkerte mir dabei ein letztes Mal zu.

Na super! Das war wieder typisch. Kaum entdecke ich mal ein hübsches türkisches Mädchen, schon steht mir ihr Bruder im Weg. Genau davor hatte mich mein Vater seit meiner Kindheit gewarnt:

»Mehmet, dein Onkel hat mir dafür früher so viele blaue Augen verpasst, dass ich seitdem nicht mehr so gut sehen kann«, sagte er dann immer. »Ich weiß noch nicht mal so recht, ob es sich gelohnt hat, aber ich warne dich: Wenn du türkische Mädchen anmachen willst, dann kriegst du sie nur, wenn du viel Geld hast oder der beste Freund ihres Bruders bist. Versuch es also gar nicht erst. Vergnüg dich am Anfang mit deutschen Mädchen. Dafür sind sie schließlich da«

Viel Geld hatte ich nicht, also musste ich es irgendwie hinkriegen, mich mit ihrem Bruder anzufreunden. Dabei hatte ich seit Jahren das Problem, dass ich mich mit den meisten türkischen Jugendlichen nicht wirklich verständigen konnte. Entweder waren sie zu gläubig oder zu nationalistisch. Wahrscheinlich lag es an ihrer schlechten Bildung, andere Gründe fielen mir nicht ein. Am nächsten Tag kam Sibel wieder bei »Trink Murat« vorbei.

»Selam, Memo. Ich hab meinem Bruder von dir erzählt und er war total begeistert. Vielleicht kommt er heute mal allein hier vorbei. Ach ja, außerdem hätt ich noch gern eine Milchschnitte.«

»Du hast deinem Bruder von mir erzählt?«, fragte ich entsetzt.

»Ja, ich hab ihm erzählt, dass ein neuer süßer Junge in der Trinkhalle arbeitet. Krieg ich nun meine Milchschnitte?«, fragte sie und zwinkerte mir dabei auch noch zu.

Erst erzählte sie mir von ihrem Bruder, dann baggerte sie mich an. Mein Allah, die türkischen Mädchen sind auch nicht mehr das, was sie einmal waren. Ich gab ihr die Milchschnitte und wartete geduldig auf das Geld.

»Geht die Milchschnitte nicht wieder aufs Haus?«, fragte sie frech und guckte mich dabei schmollend an.

»Ja, klar ...«, antworte ich etwas unmotiviert und enttäuscht.

»Mein Bruder wird sich bestimmt darüber freuen«, antwortete sie noch frecher.

»Jaja, ich mich auch«, sagte ich und tat so, als würde ich mich auch freuen. Kaum hatte sie mir erneut mit ihren hübschen Augen zugezwinkert, war sie auch schon wieder verschwunden. Nun war es soweit. Der türkische Bruder würde gleich hier vorbeikommen, um mich mit seinen Fäusten zu erschlagen. Nichts da mit Freundschaft. Den ganzen restlichen Tag über war ich so aufgeregt, dass ich die meisten Kunden überhaupt nicht beachtete. Ständig musste ich an den Bruder denken und wie er mich verprügeln würde. Und deshalb stritt ich mich sogar völlig grundlos mit einem Kind:

»*Abi*, ich hab zwanzig Cent, wie viele Süßigkeiten krieg ich dafür?«, fragte mich der Junge höflich.

»Mit dem Geld könnte dein Vater noch nicht mal eure

Wohnung finanzieren«, sagte ich, um den kleinen Kerl so schnell wie möglich loszuwerden. »Jetzt mal ehrlich, was soll ich mit zwanzig Cent anfangen? Das bisschen Geld kann mir gestohlen bleiben.«

»Du bist voll gemein, du Arsch!« Jetzt beleidigte mich der Kleine auch noch.

»Hau ab, bevor ich dir in den Hintern trete. Zu Ostern könnten es sogar die Eier sein!«, sagte ich und verjagte den frechen Jungen aus dem Laden. Er lief heulend weg, und ich hatte jetzt nicht nur Angst, sondern auch noch ein schlechtes Gewissen. Doch bis zum Abend kamen keine türkischen Brüder vorbei, und als ich den Laden schließen durfte, war ich endlich in Sicherheit.

»Dieser Bruder hatte wohl Angst vor mir«, sagte ich zu mir selbst, als ich die Ladentür abschloss. Am nächsten Tag kam Sibel wieder vorbei.

»Du Idiot! Was hast du nur gemacht?«, fauchte sie.

»Wer? Wo? Wie? Was?«, stellte ich ihr die wichtigsten Fragen der deutschen Sprache.

»Du hast gestern meinen Bruder zum Weinen gebracht!«, schrie sie mich an.

»Was? Dein Bruder? Der war doch gar nicht hier.«

»Doch. Er wollte sich gestern für zwanzig Cent Süßigkeiten bei dir kaufen und kam stattdessen heulend nach Hause. Du Schwein!« Wütend schlug sie mich mit ihrer Handtasche.

»Aber Sibel, ich wusste doch nicht, dass das dein Bruder ...«

»Mir egal. Jetzt, wo ich weiß, wie du wirklich bist, will ich dich nie wiedersehen. Schmor in der Hölle«, schrie sie und lief empört aus dem Laden – ohne mir zuzuzwinkern. Nun stand ich da: Die hübscheste Türkin weit und breit war mir entglitten, und wieder war der türkische Bruder daran schuld. Hätten wir uns auf Türkisch unterhalten, dann hätten wir zwischen *Kardes*, einem kleinen Bruder, und *Abi*, einem großen Bruder, unterscheiden können, aber nein, ihr Deutschen müsst ja unbedingt alles noch komplizierter machen.

Kriminelle Ausländer

Ich wachte mit vielen blauen Flecken und höllischen Schmerzen im Polizeirevier auf. Außer an einen schönen Traum mit vielen deutschen Mädchen konnte ich mich an nichts erinnern, und jetzt saß vor mir ein übergewichtiger Polizist, der auf seinem Computer herumtippte und zwischendurch seinen Kaffee schlürfte.

»Na Ahmet, endlich wach?«, empfing er mich.

»Ich heiße nicht Ahmet ...«, antwortete ich noch etwas benommen.

»Wie auch immer. Ich muss dir jetzt ein paar Fragen stellen.«

»Was für Fragen? Verdammt, was mache ich überhaupt hier?«

»Du wurdest wegen dringenden Tatverdachts festgenommen. Und jetzt stelle ich hier die Fragen.«

Der Polizist holte ein Aufnahmegerät heraus und begann mit der ersten schwierigen Frage:

»Name?«

»Mehmet Akyazi.«

»Nationalität?«

»...«

»Nationalität!«

»... eh ... Deutsch-Türke?«

»Junge, mit falschen Aussagen kommen wir nicht weiter. Hast du nun einen deutschen oder einen türkischen Pass?«

»Ich weiß nicht, ich hab beide Pässe.«

»Dann zeig mir den, den du nicht gefälscht hast, du Asyl.«

»Hä? Die sind beide echt!«

Der Polizist stand genervt auf und verließ wütend das Büro.

Ein anderer Kollege kam rein.

»Es ist doch immer das Gleiche mit euch. Jetzt stelle ich die Fragen, und glaub mir, mich kannst du nicht so leicht verarschen!«, brüllte mich der neue Polizist sofort an.

»Wen soll ich verarscht haben?«

»Ich habe gesagt, ich stelle hier die Fragen! Warum hast du die alte Dame auf der Straße geschlagen?«

»Welche alte Dame? Hatte sie ein Kopftuch? Wenn ja, dann war es bestimmt die nervige Mutter meiner Freundin. Aber wieso nehmen sie mich dann fest?«

»Weil es sich hierbei um eine deutsche Dame handelt.«

»Ach so. Kann gar nicht sein, ich schlage keine deutschen Frauen, da setze ich klare Grenzen.«

»Das sagen sie alle. Warte, ich hol die Dame mal rein. Mal sehen, was du dann sagst, Bürschchen.«

Der Polizist ging raus und kam mit einer älteren Dame wieder zurück. Sie hatte zerzauste weiße Haare, viele Falten im Gesicht und einen Krückstock in der Hand.

»Das ist dieser Kanake!«, rief sie und zeigte mit ihrem Stock auf mich.

»Ich schwöre, ich kenne diese Dame nicht!« Ich guckte den Polizisten mit großen unschuldigen Augen an.

»Ach komm. Ihr Türken schwört doch auf alles, und am Ende ist es sowieso gelogen. Es ist doch immer das Gleiche mit euch. Jetzt gib's endlich zu, Murat!«

»Ich heiße Mehmet!«

»Wie auch immer. Wir haben dich gestern Abend um 21 Uhr 20 festgenommen, weil du diese Dame hier in der Duisburger Innenstadt angegriffen hast. Um dich aufzuhalten, mussten wir sogar Pfefferspray und unsere Knüppel einsetzen. Deshalb hast du auch so viele blaue Flecken und warst bewusstlos«, klärte mich der Polizist endlich auf. Die ganze Zeit schon versuchte ich mich daran zu erinnern, aber ich konnte einfach nicht klar denken. Wieso sollte ich eine ältere deutsche Dame geschlagen haben? So was Grauenhaftes würde ich nicht einmal meiner türkischen Gehirnhälfte zutrauen. Verwirrt schaute ich mir die Dame an.

»Herr Wachtmeister. Dieser Ausländer guckt mich so komisch an, der will mir wieder etwas antun«, beschwerte sich die alte Dame mit ihrer zerbrechlichen Stimme beim Polizisten.

»Es reicht, Junge. Du wanderst jetzt in die Zelle, bis deine Eltern kommen.«

Zwei weitere Kollegen kamen herein und nahmen mich mit. Dann kam wieder einer dieser Momente, an die ich mich später nicht erinnern konnte, bis ich mich mit noch mehr blauen Flecken in einer Zelle wiederfand. Vor den Gittern stand mein Vater mit einer deutschen Zeitung in der Hand.

»Krimineller Ausländer schlägt arme, unschuldige deutsche Frau!« So stand es ganz groß auf dem Titelblatt.

»Ach Mehmet, du hast mich all die Jahre falsch verstanden. Du sollst keine deutschen, sondern türkische Frauen schlagen. Und zwar möglichst nur deine eigenen«, waren seine ersten Worte an mich.

»Baba, ich schlage niemanden.«

»Aber sieh es mal von der positiven Seite: Jetzt brauch ich dich nicht mehr in die Türkei zu schicken. Deutschland schiebt dich sowieso ab, und zwar kostenlos!«, versuchte mein Vater mich aufzumuntern.

Zwei Polizisten störten unser Gespräch. »Na Junge, da hast du aber nochmal Glück gehabt. Du bist unschuldig, ein paar Zeugen haben für dich ausgesagt«, sagte einer von beiden ganz gelangweilt. Sie machten die Zellentür auf, und ich war wieder ein freier Türke.

»Warum war ich eigentlich da drin? Und wieso habe ich noch mehr blaue Flecken?«

Dann kam wieder dieser Moment, an den ich mich später nicht mehr erinnern konnte, bis ich mich gemeinsam mit meinem Vater auf dem Sofa unserer Wohnung wiederfand. Diesmal mit etwas weniger neuen blauen Flecken. Eine türkische Zeitung lag auf dem Tisch: »Landsmann wird von einer älteren deutschen Dame als Kanake beschimpft!«

Daneben lag noch eine andere türkische Zeitung: »Landsmann wird von Polizisten verprügelt, weil er Ausländer ist!«

Und am Ende des Tisches lag noch die Duisburger Lokalzeitung: »Ein deutscher Jugendlicher mit Migrationshintergrund wollte einer älteren Dame über die Straße helfen. Diese dachte, er wolle ihr die Handtasche klauen. Sie rief zwei Polizisten zuhilfe, die daraufhin auf den Deutschtürken einschlugen. Beide Beamten müssen aufgrund dieses Vorfalls mit Disziplinarmaßnahmen rechnen. Zudem wurde bekannt, dass sich auch auf dem Polizeirevier einige Beamte dem Deutschtürken gegenüber widerrechtlich verhielten.«

Jetzt konnte ich mich wieder an alles erinnern. Mein Gott, die Medien sind ja auch nicht mehr das, was sie mal waren. Früher schrieben alle Zeitungen die gleichen Lügen, jetzt sind diese Lügen auch noch kulturell verschieden. Die Türken lesen etwas über einen ungerecht behandelten Landsmann, während die Deutschen sich über kriminelle Ausländer ärgern. Ich glaube, so was nennt man Multikulti.

Psychische Hilfe

»Seit ich auf dem Gymnasium bin, lastet ein großer Druck auf mir. Wenn ich das Abitur nicht schaffe, will mich mein Vater wieder in die Türkei schicken. Niemand aus der Familie hat es bis jetzt so weit geschafft, und dafür muss ich nun büßen. Manchmal wünschte ich mir, ich wäre dumm geboren. Dann wär mein Leben viel einfacher. Ich könnte auf der Couch sitzen, mit einem Riesenplasma und einer hässlichen russischen Freundin. Irgendwie hat mein Leben keinen Sinn mehr, verstehen Sie?«

Mein Psychotherapeut kratzte sich am Kopf. »Du meinst also, der Sinn des Lebens ist ein Riesenplasma und eine hässliche russische Freundin?«

»Nein, der Sinn des Lebens ist, dumm zu sein. Wenn man nämlich zu schlau ist, dann weiß man, dass man in diese Welt gar nicht reingehört. Wissen Sie, eigentlich gibt es kein Richtig und kein Falsch. Es gibt überhaupt gar nichts. Zum Beispiel könnte ich Ihnen einen roten Fleck zeigen, aber ein farbenblinder Mensch würde einfach nur einen Fleck sehen. Das heißt, die Aussage, dass der Fleck rot ist, wäre nicht für alle Menschen gültig. Bestimmt gibt es auch Tiere, die das Rot nicht sehen, obwohl ihre Augen voll funktionsfähig sind. Vielleicht gibt es auch Dinge, die nur die Tiere sehen, aber nicht wir Menschen. Alles, was wir wissen, wissen wir durch unsere Sinne. Aber unsere Sinne sind kein Beleg für die Wirklichkeit, denn sie sind alle verschieden, verstehen Sie?«

»Interessanter Gedankengang.«

Der Therapeut notierte sich etwas auf einem Zettel. Wahrscheinlich wollte er mithilfe meiner Ideen ein Buch schreiben, ohne mich zu beteiligen. Aber das war mir in dem Moment egal. Ich wollte einfach nur irgendetwas daherlabern, damit die Zeit schneller verging. Die Schulleitung hatte mich nämlich zu einem Psychotherapeuten geschickt, nur weil ich versucht hatte, das Direktorat zu stürzen. Obwohl ich mehrere Helfer gehabt hatte, war nur mir die psychische Hilfe angeboten worden, da ich der Anführer dieser avantgardistischen Bewegung war. Nun musste ich zehn Sitzungen hinter mich bringen. Der Therapeut guckte mich an und wartete darauf, dass ich weitererzählte.

»Meine Erziehung war sehr merkwürdig. Meine Mutter wollte nicht, dass ich mit türkischen Kindern spielte. Sie meinte, dadurch würde ich die deutsche Sprache nie lernen. Ich glaube, deswegen habe ich auch eine gewisse Antipathie gegen meine Landsleute. Erst wenn man distanziert von ihnen aufwächst, merkt man, wie sehr sie nach Knoblauch stinken, verstehen Sie?«

Inzwischen sprach mein Psychotherapeut gar nicht mehr mit mir, sondern notierte sich nur immer am Ende meiner Rede kurz einen Satz.

»Eigentlich sind unsere Gedanken nur die Gedanken anderer. Wir kommen gar nicht auf etwas Eigenes, wir kombinieren nur ein paar logische Sätze und meinen dann, es käme aus unserem ...«

Der Psychotherapeut sah auf seine Uhr. »So, Mehmet, Ende der Sitzung, bis zum nächsten Mal!«

Ganz schnell begleitete er mich zum Ausgang. »Füll bitte diese Fragebögen aus und schreib einen kurzen Lebenslauf. Schick mir alles per E-Mail«

Beleidigt verließ ich die Praxis. Der Therapeut hatte mich gar nicht zu Ende reden lassen. Deswegen füllte ich die Fragebögen zu Hause auch nur zur Hälfte aus. Bei meinem nächsten Termin sprach er mich auf die Fragebögen an.

»Ich habe deine Antworten gelesen, Mehmet. Ich glaube, du hast Angst, deine echten Gefühle zu zeigen. Gibt es denn etwas, was dein Vater dir in der Kindheit nie gegeben hat?«

»Ja, Geld.«

»Mehmet, du solltest deine Probleme nicht hinter deinen Witzen verstecken.«

»Sie haben Recht, Entschuldigung.«

»Also, gibt es etwas, was deine Mutter dir in deiner Kindheit nie gegeben hat?«

»Ja, auch Geld.«

Der Psychotherapeut holte einmal tief Luft. »Mehmet, damit ich dir helfen kann, musst du mir auch helfen.«

»Okay, gibt es etwas, das Ihnen Ihr Vater in der Kindheit zu viel gegeben hat?«, fragte ich den Psychotherapeuten.

»Wie bitte?«

»Ja, Sie meinten doch, ich sollte Ihnen helfen.«

»Aber doch nicht so.«

»Also, Sie müssen mich schon ernst nehmen, sonst kann ich Ihnen nicht helfen.«

»Ich will aber dir helfen.«

»Ja aber Sie sagten doch: Damit Sie mir helfen können ...«

»Weißt du was? Du brauchst gar keine psychische Hilfe. Schluck einfach diese Pillen, und schon wird es dir besser gehen.«

Der Psychotherapeut gab mir ein paar blaue Pillen und

führte mich zum Ausgang. Wortlos knallte er die Tür hinter mir zu. Wieder zu Hause angekommen schluckte ich die erste Pille. Seitdem bin ich viel ruhiger und komme auch besser mit meinen Hausaufgaben zurecht.

Sibels Brüder

Sibels Bruder hat uns zusammen erwischt. Wir waren mit zehn Meter Abstand durch die Innenstadt gelaufen.

»Mehmet, du musst schon mindestens fünfzig Meter Abstand halten, damit die Leute es nicht falsch verstehen«, hatte mich Sibel vorher gewarnt, doch ich fand das etwas übertrieben. Nun musste ich dafür büßen. Und Sibel hatte die ganze Schuld auch noch auf mich geschoben. Sie sagte ihrer Familie, ich hätte sie entführt und gegen ihren Willen durch die Innenstadt geschleppt. Eine bessere Ausrede wäre ihr angeblich nicht eingefallen. Aber ich war nicht sauer auf sie, schließlich hatte ich ja den Abstand nicht eingehalten. Es ist schwer, eine Beziehung mit einem türkischen Mädchen einzugehen, wenn sie drei ältere Brüder hat. Die Familie kontrollierte sie nämlich ständig. Sie hatten sogar extra ein Abhörgerät für Sibels Handy installiert. Schließlich war sie das einzige Mädchen in der Familie, und ihre Ehre stand deshalb an erster Stelle. Nun war aber mein Tod ganz oben auf der Liste. Sibels Brüder wollten mich unbedingt verprügeln. Sie hatten meinen Namen herausgefunden und mich bei Facebook gesucht. Als ich sie dann als »Freunde« hinzufügte, hatten sie auch meine Adresse.

»Mehmet, du musst abhaun, meine Brüder sind hinter dir her«, schrieb Sibel in einer SMS. Zum Glück hatte mein Vater aus Angst vor einem Atomkrieg mit der Sowjetunion damals einen Schutzbunker unter unserem Keller eingerichtet. Diesen Bunker konnte ich gut als Schutz gegen Sibels Brüder verwenden. Er war sogar mit einem Olivenvorrat ausgestattet.

Eines Tages sah ich einen blauen BMW auf unsere Wohnung zusteuern. Darin saßen drei kräftig gebaute Türken. Ich war mir sicher, das waren die Brüder von Sibel, also flüchtete ich sofort in den Bunker. Ich brauchte nur bis zum Anbruch der Nacht zu warten, weil dann alle Türken entweder arbeiten oder den Puff besuchen. Den ganzen Tag saß ich seelenruhig im Bunker und aß Oliven. Da unten war es eigentlich ziemlich gemütlich. Plötzlich ging die Tür auf. Mir blieb fast das Herz stehen. Alles lief wie in Zeitlupe ab. Ich konnte schon den behaarten Türkenarm erkennen, der die Tür öffnete. Ich war so gut wie geliefert. Wahrscheinlich hatte mich Sibel schon wieder verraten, doch zum Glück war es nicht einer ihrer Brüder. Es war mein Vater mit einer anderen Frau.

»Was machst du denn hier?«, fragte er überrascht.

»Das Gleiche könnte ich dich fragen.«

»Wenn du mich nicht gesehen hast, hab ich dich auch nicht gesehen.«

»Okay.«

Die Sache war schnell geklärt.

Abends um elf konnte ich den Bunker endlich wieder verlassen. Der blaue BMW vor der Haustür war verschwunden. Als ich dann wieder in unsere Wohnung gehen wollte, standen plötzlich Sibels Brüder direkt vor meiner Nase. Anscheinend hatte irgendjemand sie reingelassen. Sie packten mich am Kragen und setzten mich auf unsere Couch. Ich hatte unheimliche Angst, aber ich zeigte es nicht. Nur mein Schweiß verriet mich.

»So, du bist also dieser neue Freund von Sibel«, sagte einer von ihnen.

»Nicht neu, wir sind schon zwei Monate zusammen.«

Da ich sowieso so gut wie tot war, konnte ich auch gleich die Wahrheit sagen.

»Okay, dir ist aber schon klar, dass wir dir so etwas mit unserer Schwester nicht erlauben können?«

»Ja, ich weiß.«

Nun standen alle drei Brüder auf. Ich sah es kommen, sie wollten mich verprügeln.

»Okay, jetzt musst du unsere Schwester heiraten.«

»Wie bitte?«, fragte ich entsetzt.

»Entweder du heiratest sie, oder wir prügeln dich krankenhausreif. Normalerweise lassen wir so was nicht durchgehen, aber du scheinst ja ein ganz netter Kerl zu sein.«

Ich wusste nicht, was ich dazu noch sagen sollte. Fünfzig Jahre Deutschland hat die Türken in ihrer Einstellung wohl sehr verändert. Sie waren ein wenig liberalisiert. Jetzt durfte ich mich zwischen einer Abreibung und der Hochzeit entscheiden. Früher gab es nur Prügel, es kam gar nicht zur Hochzeit. Aber wollte ich wirklich so ein Mädchen wie Sibel heiraten? Nach einer kurzen Denkpause hatte ich mich entschieden.

»Ich nehm die Prügel!«

Der Toilettenflüsterer

»Endlich sind unserer Toiletten mal sauber«, sagte Hans, der gerade von seinem Geschäft kam. Mit seinen ungewaschenen Händen klopfte er mir auf die Schulter. Seit Neustem musste ich die Toiletten in unserer Schule reinigen. Natürlich bekam ich kein Geld dafür, es war eine Strafe. Die Schulbehörde hatte nämlich bemerkt, dass gewisse Akten von mir verschwunden waren. Zwar hatten sie keinen Beweis für meine Schuld, doch das, was in den übrigen Akten stand, reichte aus, um mir diese Strafe zu verpassen. Seither musste ich meine Pausen mit Kloschüsseln verbringen. Es war einfach erstaunlich, wie daneben manche Schüler ihre Geschäfte verrichteten. Im Gegensatz dazu waren die Damentoiletten stets sauber. Außerdem konnten sich die Mädchen nicht beschweren, wenn ich zwischendurch zum Putzen reinkam. Manchmal machten sie recht ungewöhnliche Sachen. Sie tauschten ihre Unterwäsche aus oder stopften sich Taschentücher in die Bluse. Aber das Beste war: Seitdem ich die Klos putzte, wusste ich alles über jeden. Die Mädchen lästerten, was das Zeug hielt. Ständig standen sie vor dem Spiegel, schminkten sich und plauderten.

»Kennt ihr diesen Johannes?«, fing Sandra an.

»Du meinst den Streber mit den Haaren auf dem Rücken?«, fragte ihre Kollegin.

»Ja, genau. Der steht auf mich.«

»Woher weißt du das?«

»Er hat irgendwo meine Handynummer aufgegabelt, und jetzt schickt er mir jede Sekunde 'ne SMS, dass er gerade an mich denkt und am liebsten sein ganzes Leben mit mir verbringen will.«

Die Mädchen begannen zu kichern. Mir war gar nicht bewusst gewesen, dass Johannes überhaupt Gefühle für andere Menschen empfinden konnte. Ich dachte, er kannte nur Liebe für seine Sammelfiguren. Im Männerklo sprach ich Johannes darauf an:

»Na, du Stecher.«

»Was?«

»Ich weiß über dich Bescheid.«

»Was weißt du über mich?«

»Du stehst auf Sandra.«

Plötzlich geriet Johannes in Panik. Er begann zu schwitzen, und seine Hände zitterten.

»Woher weißt du das?«

»Tja, ich weiß so einiges.«

»Erzähl das bloß keinem weiter, ich mach alles, was du willst!«

Plötzlich hatte ich Macht. Vor einer Sekunde war ich noch ein ganz normaler Putzjunge gewesen, und jetzt hatte ich die anderen in der Hand. Es war ein grandioses Gefühl. Natürlich musste ich meine Autorität ausnutzen. Ich ließ Johannes das Jungenklo putzen, während ich auf dem Mädchenklo meine Machtposition weiter festigte.

»Alexandros geht zum Ballettunterricht.«

»Hans treibt es mit seiner Tante.«

»Mehmet ist Türke.«

Diese Lästertanten wussten wirklich alles. Ich nutzte die Gerüchte aus, um meine Kollegen zu erpressen. Ich forderte Geld, Hausaufgaben und die Pausenbrote meiner Mitschüler. Alle auf dem Schulhof respektierten mich, denn sie wussten, dass ich sie jederzeit verpfeifen konnte. Schon bald wurde ich zum Schulsprecher ernannt und baute mir ein gewaltiges Imperium auf. Ich war so eine Art Tony Montana, nur ohne Drogen. Eines Tages hörten die Mädchen plötzlich auf, mir Stoff zu liefern. Sie wussten über meine Methode Bescheid und schminkten sich jetzt nur noch schweigend vor dem Spiegel. Von da an war das Leben auf dem Schulhof wieder langweilig, denn es gab keine Gerüchte mehr. Ich verlor meine Macht an einen Chinesen, der zaubern konnte, und war wieder eine ganz normale Putzkraft. Diesmal lästerten aber die Mädchen über mich, sie waren anscheinend stinksauer:

»Dieser Mehmet will doch auf dem Mädchenklo nur gaffen.«

»Ja genau, außerdem tut er immer so, als ob er schlau wär, damit man seine Dummheit nicht merkt.«

Der letzte Satz war gar nicht mal so verkehrt – diese Mädchen waren echte Naturtalente.

Das türkische Aschenputtel

Wir Türken sind einfach die Coolsten in Deutschland. Tut mir leid, aber das ist eine Tatsache. Wir sehen gut aus, können Fußball spielen und kriegen jedes deutsche Mädchen. Viele beneiden uns, deshalb bezeichnet man uns auch gerne als bildungsferne Schicht, Unterschicht, fehlintegriert oder ganz einfach asozial. Der Neid der Deutschen ist kaum mehr auszuhalten. Jedes Jahr kommen neue Wörter dazu. Wenn es um die Beleidigung von Minderheiten geht, waren die Deutschen ja schon immer ganz vorne mit dabei. Diese blonden Pickelfressen ärgern sich nur, weil wir ihnen die Frauen wegnehmen. Der Deutsche an sich ist nämlich einfach nur hässlich. Deshalb geht auch die Geburtenrate in der Bundesrepublik so rasant zurück. Die deutschen Frauen wollen keinen Peter mehr gebären, sie wollen lieber einen Murat.

Letzte Woche hat mich mein Kollege Hans auf eine Feier in so einem Club eingeladen. Eigentlich mochte ich so was nicht, aber nach ein paar Stunden hatte Hans mich dann doch überredet. Es war nämlich ein Club, in den nicht jeder reinkam, vor allem keine Schwarzköpfe. Doch Hans kannte den Türsteher, der war nämlich im selben Kirchenchor. Vor dem Eingang stand eine Riesenschlange mit Jugendlichen, aber wir drängten uns einfach an allen vorbei. Am Eingang ließ uns der Kirchengenosse von Hans dann schnell durch. Kaum war ich drin, dröhnte die Musik schon in meinen Ohren. Ganz viele leicht bekleidete Mädchen waren auf der Tanzfläche. Ich konnte kaum meine Augen abwenden. Ihre deutschen Tanzpartner machten irgendwelche komischen Bewegungen, wackelten mit den Armen hin und her, und guckten dabei ganz dumm durch die Gegend, nur nicht auf das, was vor ihnen stand. Nur ein paar Sekunden später sah ich auch Hans auf der Tanzfläche. Er versuchte, sich an irgendein Mädchen ranzumachen, doch sie war schon weg, bevor er auch nur einmal mit seiner Hüfte schwingen konnte. Irgendwie konnte ich das alles nicht länger mit ansehen und ging an die Bar. Schließlich musste ich ja meine Verzehrkarte aufbrauchen. Kurz bevor ich ein Heineken bestellen konnte, stand schon ein Glas Cola mit Whiskey vor meiner Nase.

»Ist von der netten Dame da drüben«, sagte mir der Barkeeper und zeigte dabei mit dem Finger auf ein Mädchen, das mit ihren Freundinnen ganz hinten in der Ecke saß. Sie lächelten mich an, und ich bedankte mich mit einem Handzeichen für das Getränk. Ich vertrug eigentlich keinen Whiskey, und betrinken wollte ich mich auch nicht, aber mir war schon immer alles lieb gewesen, was umsonst war. Nachdem mein Glas leer war, kam schon der nächste Whiskey an.

»Da will dich wohl jemand abfüllen«, kommentierte der Barkeeper grinsend.

Die Mädchen in der Ecke warteten anscheinend wirklich darauf, dass ich mich betrank. Aber zum Glück bin ich Türke. Ich kann viel aushalten. Meine Mutter hat mich als Baby mit Rakimilch gestillt.

»Und die nächste Ladung.« Der Barkeeper stellte mir erneut einen Becher Whiskey-Cola hin. Beim Austrinken guckte ich zu den Mädchen rüber. Sie sahen mir schon die ganze Zeit zu und waren eigentlich alle sehr bezaubernd.

Ihr Kichern und Lachen war sehr süß. Nach dem nächsten Glas kamen sie dann endlich zu mir herüber.

»Na Süßer, hat's dir geschmeckt?«, baggerte mich eine von ihnen an.

»Joa …«

»Willst du mal was wirklich Süßes probieren?«

»Habt ihr Bonbons bei?«

Natürlich stellte ich mich bewusst blöd. Irgendwie wollte ich nicht, dass mir diese Truppe Mädchen zu nahe kam. Ich fühlte mich ein wenig unterlegen, denn die ganze Zeit baggerten sie mich an anstatt ich sie. Sie ließen mich gar nicht in Ruhe.

»Wir haben sogar ganz viele Bonbons«, sagte eine von ihnen lachend und zwinkerte mir dabei zu.

»Hast du Lust zu tanzen?«, fragte die Nächste.

O mein Gott, nun war ich total eingeschüchtert. Das Ganze war mir so unangenehm. Es waren einfach zu viele Mädchen auf einen Haufen. Ich konnte mich für keine entscheiden. Aber anscheinend wollten sie auch nicht, dass ich mich für eine entschied. Sie agierten schon die ganze Zeit nur im Kollektiv.

»Komm schon.« Sie nahmen meine Hand und führten mich auf die Tanzfläche, wo gerade irgendein deutscher Atzensong lief. Die Mädchen umkreisten mich. Ständig rückte mir eine von ihnen wirklich sehr nah auf die Pelle, so dass ich kaum noch frei atmen konnte. Natürlich platzten die deutschen Jungen vor Neid.

»Darf der Kanake überhaupt hier rein?«, hörte ich jemanden von hinten laut fragen.

»Wenn du willst, können wir bei uns in der WG weitertanzen, da stört uns auch keiner«, flüsterte mir eines der Mädchen ins Ohr.

Zunächst überlegte ich, ob diese Aktion vielleicht nicht

eine Nummer zu groß für mich war. Ich war zwar erst vor zwei Monaten achtzehn geworden, doch so eine Chance bekam man nicht jeden Tag. Außerdem war ich zu betrunken, um Nein sagen zu können.

»Okay, lasst uns mal gehen, ich fühle mich sowieso beobachtet«, flüsterte ich zurück. Die Mädchen freuten sich und gingen mit mir an die Garderobe, um ihre Jacken abzuholen. Das war kein Glück – wie die meisten von euch jetzt sicher denken werden –, es waren meine berühmten türkischen Gene, die die Herzen dieser Mädchen zum Schmelzen brachten. Als wir aus dem Club kamen, konnte ich es gar nicht glauben: Ich bewegte mich gerade mit vier Mädchen durchs Paradies. Ich bräuchte gar keinen heiligen Krieg oder so anzufangen, das Paradies gab es bereits auf Erden, man musste nur wissen, wie man dort hinkam. Die WG war eine halbe Stunde von dem Club entfernt. Den Hans hatte ich schon vor langer Zeit vergessen. Wir fuhren mit der Straßenbahn dorthin. Als wir vor der Tür standen, fing plötzlich mein Handy an zu klingen. Eigentlich wollte ich nicht rangehen, doch es war meine Mutter.

»Mehmet, es ist schon zwölf Uhr, komm sofort nach Hause!!!«, schrie sie durchs Telefon.

»Aber, *Anne* ...«

»Nichts aber, solange du unter meinem Dach wohnst, tust du, was ich sage!«

Natürlich musste ich daraufhin sofort nach Hause. Meine Eltern verstanden da überhaupt keinen Spaß. Sie hätten mich wahrscheinlich gar nicht mehr ins Haus gelassen, und was hätte ich dann tun sollen? Mir blieb keine andere Wahl. Die Mädchen guckten mich nur verwundert an, als ich mich von ihnen verabschiedete.

»Was hat denn der für Probleme?«, hörte ich eine hinter meinem Rücken flüstern.

Natürlich war die Situation äußerst peinlich und eine der besten Gelegenheiten, die ich in meinem Leben verpasst habe. Ich fühlte mich wirklich beschissen. Ganze vier Mädchen wollten mich beglücken, doch ich musste nach Hause. Das ist halt das Problem, wenn man Türke ist. Man kriegt zwar alles und jeden, aber nur für beschränkte Zeit, nämlich so lange, bis die Eltern anrufen. Wenn ich mal Vater werde, darf mein Sohn überhaupt keinen Spaß haben!

Der Prozess

»Ich hab den ersten Schuss gehört und gedacht: Das ist normal, du bist in Duisburg. Dann, beim zweiten Schuss hab ich gedacht: Das ist normal, wahrscheinlich hat man den Typen beim ersten Schuss nicht richtig erwischt. Als dann der dritte Schuss kam, bin ich weggerannt.«

»Und Sie kamen nicht auf die Idee, dass der Täter zufällig ihr eigener Cousin sein könnte?«, fragte mich die Richterin skeptisch.

»Mein Cousin ist doch nicht der einzige Mensch auf der Welt, der eine Waffe besitzt.«

Schon wieder musste ich bei einem Gerichtsverfahren aussagen. Schon wieder trug mein Cousin die Schuld. Und schon wieder musste ich meinen Eltern schwören, die Familie vor Gericht zu schützen. Mein Cousin Kemal war vierundzwanzig Jahre alt, hatte keinen Schulabschluss und war der ideale Vorzeigetürke, an dem die Integration gründlich gescheitert war. Diesmal hatte er es aber zu weit getrieben. Aus Wut auf seine deutsche Ex-Freundin hatte er deren Katze erschossen. Seine Ex-Freundin hatte ihn nämlich betrogen, und zwar mit ihrem eigenen Stiefvater. Mein Cousin war wirklich frustriert. Aber dann hat er das alte Gewehr von unserem Opa wiedergefunden. Dieses Gewehr wurde früher nur auf Tiere und vielleicht auf meine Oma gerichtet. Zuerst wollte mein Cousin die Mutter seiner Ex-Freundin erschießen, weil sie mit so einem blöden Kerl verheiratet war, danach wollte er seine

Ex-Freundin abknallen, weil sie ihn mit so einem alten Macker betrogen hatte, und den Stiefvater selber wollte er natürlich auch noch umbringen, weil er das geschafft hatte, was ihm selbst nie gelungen war. Am Ende entschied er sich dann doch für die Katze, einfach weil sie sich zum falschen Zeitpunkt am falschen Ort befand. Genau das war auch bei mir der Fall, und deshalb musste ich nun schon zum vierten Mal in meinem Leben vor Gericht aussagen:

»Woher hatte Ihr Cousin die Waffe?«, fragte die Richterin weiter.

»Woher soll ich das wissen? Denken Sie, ich habe in meinem Leben nichts anderes zu tun, als meine ganzen Cousins zu überwachen?«

»Hat er noch andere Waffen im Haus?«

»Ja, er hat noch einen Stock und ein paar Glasflaschen. Seinem Gürtel würde ich auch nicht über den Weg trauen.«

»So kommen wir nicht weiter. Herr Akyazi, Ihnen ist doch sicher bewusst, dass Sie sich mit Ihren Falschaussagen strafbar machen?«

»Was war denn jetzt an meiner Aussage falsch? Definieren Sie mir doch mal den Begriff ›Waffe‹.«

Die Richterin schüttelte den Kopf.

»Herr Akyazi, Ihr Cousin Kemal steht im dringenden Verdacht des illegalen Waffenbesitzes und versuchter schwerer Körperverletzung. Zudem hat die Tötung der Katze bei der Klägerin zu einer schweren Depression geführt. Ich bitte um etwas mehr Ernsthaftigkeit.«

»Na klar, wenn es um Depressionen wegen einer Katze geht, dann bin ich immer ernst.«

»Sie waren also bei der Tat nicht dabei, sondern haben nur die Schüsse gehört, die Ihr Cousin abgegeben hat. Ist das richtig?«

»Nein, das ist nicht richtig. Ich habe zwar Schüsse gehört, aber wer hat denn behauptet, dass mein Cousin geschossen hat?«

»Es kann nur Ihr Cousin gewesen sein, weil die abgeschossene Kugel zu dem Gewehr ihres Cousins passte«, mischte sich jetzt auch noch der Anwalt von Kemals Ex-Freundin ein.

»Vielleicht besitzen ja viele Leute in Duisburg eine ähnliche Waffe.«

»Es gibt aber nicht viele Menschen, die heute noch mit einem Steinschlossgewehr herumlaufen.«

Die Situation war wirklich ein wenig blöd. Mein Cousin hatte die Katze im Garten seiner Freundin erschossen und war anschließend einfach mit dem Gewehr durch die Straßen gelaufen. Anscheinend wollte dieser Trottel ein bisschen rumprahlen, doch schon nach zwanzig Minuten wurde er von einem Streifenwagen entdeckt und verhaftet. Er hatte noch nicht mal Handschuhe oder so an. Auf jeden Fall war ich der einzige Zeuge dieser Tat, denn ich sollte für ihn Schmiere stehen. Nach der Aktion hatten wir uns getrennt, allerdings wurde ich von einer anderen Streife eingesackt.

»Und was ist mit der Waffe, die Ihr Cousin noch in der Hand hatte?«, bohrte der Anwalt weiter.

»Wahrscheinlich hat der wirkliche Täter meinen Cousin gezwungen, ihm die Waffe abzunehmen. Solchen Halunken traue ich alles zu!«

Die Richterin hatte jetzt offensichtlich genug und ließ mich aus dem Saal werfen. Eine Stunde später war die Verhandlung beendet. Kemals Ex-Freundin stand lächelnd vor dem Gerichtsgebäude. Neugierig kam sie auf mich zu.

»Und, kommt dein Cousin jetzt endlich ins Gefängnis?«, fragte sie mich spöttisch. Sie schien mir alles andere als depressiv.

»Nein, aber dafür bin ich jetzt dran. Weil ich zum vierten Mal hintereinander falsch ausgesagt habe.«

Hilfe, ich werde Baba!

Ein mieser Gestank ganz in meiner Nähe weckte mich auf. Ich spürte, dass neben mir eine große Masse lag. Eine Masse, die nach Schweiß roch. Ich hatte Angst, meine Augen zu öffnen, also schickte ich lieber meine Hände vor. Ich ertastete Haare, viel Fett und dann auch noch mein Hemd. Krampfhaft versuchte ich, mich an die letzte Nacht zu erinnern. Irgendein zweitklassiges Konzert ... die Getränke waren grauenhaft gewesen, ich hatte den Geschmack immer noch im Mund. Dazu exotische Früchte, kombiniert mit ein wenig Lippenstift. Ich hatte sogar Lippenstift auf meinen eigenen Lippen. Was war da nur passiert? Wer war dieses dicke Mädchen neben mir? Ihr Mundgeruch überwältigte mich. Ich musste weg, aber ich wusste noch nicht mal, wo ich war. Langsam stand ich auf und suchte das Badezimmer. Es sah aus wie in einer Studentenbude. Als ich mein Gesicht gewaschen hatte und wieder zur Besinnung gekommen war, suchte ich meinen Kram zusammen. Meine Geldbörse lag unter dem Sofa, mein Handy lag noch auf dem Bett, und mein Schlüssel war in einem Trinkglas. Als ich alles hatte, wollte ich so schnell wie möglich verschwinden, doch das Mädchen wachte auf.

»Soso, du bist doch keiner, der mit einem Mädchen schläft und dann sofort wieder abhaut, oder?«, fragte sie noch etwas schlaftrunken.

»Was? Wir haben miteinander geschlafen?«

»Ja, natürlich.«

»Das kann nicht sein, ich bin doch noch Jungfrau.«

»Das denkst aber auch nur du. Ach, ihr Türken seid doch alle gleich. Vergreift euch an unschuldigen deutschen Mädchen und verschwindet dann einfach.«

»So ein Schwachsinn, anscheinend hast du dich an mir vergriffen. Du bist nicht mein Typ, ich kenn dich nicht, und außerdem weiß ich noch nicht mal, wo ich hier bin.«

Das Mädchen guckte mich schmollend an. Irgendwie hatte ich dann doch Mitleid mit ihr.

»Ach, vielleicht bist du nicht mein Typ, aber merk dir eins: Es gibt keine hässlichen Menschen, das liegt immer im Auge des Betrachters.«

»Und wieso hast du dann mit mir geschlafen?«, fragte sie weinerlich.

»Weil ich gestern Nacht blind gewesen sein muss, und jetzt, wo ich wieder sehen kann, suche ich mal den Weg nach Hause. Tschüss, schönes Leben noch!«

Ich haute ganz schnell ab. Zum Glück hatte dieses Mädchen weder meine Nummer noch meine E-Mail-Adresse oder sonst was. Ich hatte diese Daten bewusst nicht auswendig gelernt, damit ich sie betrunken nicht ausplaudern konnte. Ich war ein echtes Genie. Daheim hatte niemand meine Abwesenheit bemerkt, noch nicht mal meine Schwester.

Drei Monate später erhielt ich einen Anruf.

»Spreche ich da mit Mehmet Akyazi?«, fragte eine Frauenstimme.

»Ja, bin am Apparat.«

»Hallo Mehmet, vielleicht erinnerst du dich nicht mehr an mich, aber wir haben vor drei Monaten miteinander geschlafen. Der Arzt hat festgestellt, dass ich schwanger bin. Mach dir aber keine Sorgen, ich werde mich alleine um das Kind kümmern.«

Plötzlich rauschte mein ganzes Leben an mir vorbei. Alles war dahin, die Weltherrschaft und vor allem meine Zukunft mit Natasha Mealey. Wieso passierte so was immer nur mir? Wieso kriegten die bösen Türken im Fernsehen nie so eine Strafe?

»Bist du sicher, dass es von mir ist?«, fragte ich vorsichtshalber noch mal nach.

»Ja, aber das ist echt kein Problem. Mach dir keine Sorgen, ich bin tapfer, ich kann schon alleine drauf aufpassen. Ich hab sogar extra mein Studium dafür abgebrochen. Das Einzige, was du mir geben kannst, ist Vertrauen und ein wenig Geld.«

Mein Allah, dieses Mädchen wollte auch noch Geld von mir. Wenn ich welches hätte, wär ich wohl kaum auf die Idee gekommen, mit ihr zu schlafen.

»Woher hast du eigentlich meine Nummer?«, fragte ich.

»Ich hab einfach deinen Namen bei Google eingegeben.«

Verdammt, das hatte ich nicht ahnen können. Was sollte ich jetzt tun? Ich wollte auf keinen Fall, dass irgendeine Kopie von mir frei auf dieser Welt herumlief. Schließlich wollte ich die Weltherrschaft alleine an mich reißen.

»So, entweder du schickst mir ab jetzt jede Woche dreihundert Euro, oder ich sag es deinen Eltern«, drohte sie mir plötzlich.

»Okay, okay, reg dich ab.«

Ich nahm einen Nebenjob bei McDonald's an. Jeden Tag arbeitete ich wie ein Tier, nur damit das Mädchen sich um mein zukünftiges Kind kümmern konnte. Es war die schlimmste Zeit meines Lebens, doch alles diente ja einem guten Zweck. Nach drei Monaten wollte ich das

Mädchen und ihren Bauch mal besuchen. Als ich vor der Studentenwohnung stand, war ich ziemlich aufgeregt. In ihrem dicken Bauch sollte eigentlich ein kleiner Memo sein, doch stattdessen war da gar nichts. Sie war immer noch so fett wie vorher.

»Wieso bist du nicht schwanger?«, fragte ich überrascht.

»Ja, ehm ... ich hab's abtreiben lassen.«

Und wieder einmal rauschte mein ganzes Leben an mir vorbei. Alles war dahin: Das Kind, die Weltherrschaft und Natasha Mealey als Stiefmutter. Was sollte ich jetzt tun? Ich stand wie angewurzelt da.

»Aber das Geld kannst du mir doch trotzdem weiter schicken, oder?«, fragte sie mich.

»Warum?«

»Ja, ich muss doch mein Studium bezahlen.«

»Ich dachte, du hättest es abgebrochen?«

»Ja, aber jetzt hab ich es wieder angefangen.«

Irgendwie kam ich mir verarscht vor, aber es war mir egal. Das Mädchen hatte ich los, und Vaterschaftssorgen hatte ich auch keine mehr. Erst jetzt begriff ich, warum diese Deutschen ohne Familie immer so glücklich waren. Es lag nur am Geld.

Der illegale Onkel

Mein Onkel Sevket wird demnächst abgeschoben. Nach zweiundzwanzig Jahren hatten die Deutschen plötzlich keine Lust mehr auf ihn. Er hat wirklich hart gearbeitet und brav seine Steuern bezahlt, doch die Tatsache, dass er seinen Pass nicht verlängern konnte, hatte ihn zu einem Illegalen gemacht. Jetzt versteckte er sich bei uns. Zwar war die Wohnung des eigenen Bruders nicht gerade das beste Versteck, aber diese sturen Türken wollten einfach nicht auf mich hören.

»Was willst du jetzt machen? Du kannst dich doch nicht auf ewig verstecken!«, fragte mein Vater seinen illegalen Bruder.

»Nein, ich werd mich auch nicht ewig hier verstecken. Mein Kollege Ali kann mir Papiere fälschen. Wir ändern nur ein paar Daten, zum Beispiel meinen Namen, und dann kann ich mir wieder ein schönes Leben in meiner 20 m^2-Wohnung machen. Ihr dürft dann bloß nicht mehr Sevket zu mir sagen, ab sofort heiße ich Hans-Dieter.«

Ein Türke mit rabenschwarzem Haar, buschigen Augenbrauen und einem terrorismusverdächtigen Vollbart nannte sich Hans-Dieter. Irgendwie gefiel mir diese ganze Sache nicht. Doch mein Onkel war überzeugt von seiner Idee.

»Ich geh auf keinen Fall wieder in die Türkei. Ich weiß ja noch nicht mal, wie ich da mein Geld verdienen soll. Außerdem bin ich kurz vor der Rente. Aber nein, die deutschen Behörden wollen mich unbedingt wieder in die Türkei schicken. Ich hab dort ja noch nicht mal ein Zuhause.«

»Onkel, wieso wirst du denn abgeschoben?«, fragte ihn meine Schwester.

»Weil irgend so ein Trottel nach zweiundzwanzig Jahren gemerkt hat, dass mein Chef meine Arbeitsunfallversicherung nicht bezahlt hat. Mir durfte beim Weg zur Arbeit nichts passieren, nur unter der Bedingung hat er mich überhaupt eingestellt.«

»Und wieso hast du deinem Chef nicht gesagt, dass er deine Unfallversicherung bezahlen soll?« Meine Schwester ließ nicht locker.

»Ich bin doch keine Gewerkschaft. Außerdem ist mir bis jetzt noch nie was passiert. Nur weil nach zweiundzwanzig Jahren irgendein elender Bürokrat endlich mal seiner Arbeit nachgegangen ist, hat man das jetzt gemerkt.«

Plötzlich waren draußen vor dem Haus Sirenen zu hören. Die Polizei stand vor unserer Tür. Alle Leute aus der Nachbarschaft näherten sich neugierig unserer Wohnung. Mit einem Megaphon in der Hand brüllte ein Polizist in unsere Richtung:

»Herr Akyazi, bitte kommen Sie mit erhobenen Händen aus der Wohnung.«

Mein Vater riss das Fenster auf und schrie: »Mein Bruder ist schon in Kanada!«

Die Polizisten guckten sich verwirrt an.

»Entweder Sie kommen alle aus der Wohnung, oder wir fangen an zu schießen!«, rief der Polizist durch das Megaphon.

Mein Onkel geriet in Panik. Er versuchte, sich überall zu verstecken. Zuerst kroch er unter den Tisch, dann unter mein Bett, am Ende schlüpfte er in meinem Kleiderschrank, wo sich schon meine Freundin Sibel befand.

»Mehmet, sag dem dummen Mädchen, dass meine Probleme wichtiger sind als ihre«, rief mein Onkel auf Türkisch aus dem Schrank.

Die Polizisten traten unsere Haustür auf. Mit Maschinenpistolen bedrohten sie zuerst meinen Vater, dann unsere Tür und am Ende meine Schwester. Alle sahen ja irgendwie türkisch aus, selbst die Tür.

»Wo ist denn dein Bruder, mein Kleines?«, fragte der Einsatzleiter meine Schwester.

»Wieso mein Bruder?«

»Sag es einfach, du kriegst auch Geld dafür.«

Sofort zeigte meine Schwester mit dem Finger auf mich. Diese gierige Wucherin würde ihre gesamte Sippschaft für Geld verraten. Die zwei Polizisten verabreichten mir Handschellen und zogen mich aus der Wohnung.

»Hey, das ist der Falsche, mein Bruder ist im Schrank«, wollte mein Vater die Polizisten aufhalten.

»Ich dachte, ihr Bruder wäre in Kanada? Außerdem sind wir nicht wegen ihm hier, sondern wegen Ihres Sohnes. Dieser kriminelle Bengel hat schon zum vierten Mal seinen Musterungstermin nicht eingehalten.«

Nun saß also ich im Streifenwagen und nicht mein illegaler Onkel. Bloß weil ich ein paar Mal meinen Musterungstermin geschwänzt habe, musste ich jetzt mit einer satten Strafe rechnen. Irgendwie kommt mir der deutsche Staat ein bisschen unheimlich vor. Obwohl ich etwas aus guten Gründen nicht will, werde ich dazu gezwungen. Das Gleiche gilt auch für meinen Onkel, der mittlerweile wieder in seinem Heimatdorf lebt.

Verfolgungsjagd

Meine Schwester durfte wieder einmal abends allein ihre Freundin besuchen. Ich kannte diese Masche: Sie hatte ganz bestimmt nicht vor, zu dieser Freundin zu gehen. Doch mein Vater hatte ihr die Erlaubnis gegeben, bevor ich mich einmischen konnte. Ich war wohl der einzige türkische Bruder in ganz Deutschland, der keine Kontrolle über seine eigene Schwester hatte. Im Gegenteil, sie besaß sogar mehr Kontrolle als ich, und zwar über unseren sturen Vater. Ich verstand auch nicht, wie so was überhaupt möglich war, aber aus irgendeinem Grund verwöhnte er sie bis zum Abwinken. Sie kriegte Geld, wann sie wollte. Sie durfte ausgehen, wann sie wollte. Sie durfte sogar denken, was sie wollte. Es war einfach unfassbar, dass eine türkische Tochter mehr Rechte hatte als ihr eigener Bruder! In was für einem Land lebten wir überhaupt? Was war denn nur aus unserer guten alten Tradition geworden? Aber wenn ich sie erst mal mit einem Jungen erwischt hatte, war ganz bestimmt ich wieder der Herr im Haus. Ich wartete eine geschlagene Stunde vor der Badezimmertür auf sie. Wie konnte sie nur so viel Zeit dort drin verbringen? Plante sie etwa einen Terroranschlag? Irgendwann kam sie dann endlich heraus und überwältigte mich erst mal mit einer gigantischen Duftwolke. Ich fiel sogar kurz in Ohnmacht. Als ich wieder zu mir kam, stand sie schon ausgehfertig vor der Tür. Ich zog mir schnell meine Jacke an und folgte ihr. Das laute Klacken ihrer Stiefel verriet mir genau, wo sie war, auch wenn sie mal aus meinem Blickfeld verschwand. Leider ging sie direkt zu ihrer Freundin. Als ich mich schon enttäuscht auf den Rückweg machen wollte, kam meine Schwester plötzlich gemeinsam mit ihrer Freundin wieder aus dem Haus. Erneut nahm ich die Verfolgung auf. Dabei fühlte ich mich wie ein Stalker. Die beiden gingen zu einem Haus, aus dem laute Musik zu hören war. Das war meine Chance! Wenn ich sie beim Tanzen, Trinken oder neben einem anderen Jungen erwischte, würde ich bestimmt meine Rechte wiederbekommen. Jene Rechte, die mich später zu einem Mann machen würden. Ich musste die Herrschaft über diese Frau zurückerlangen, sonst wäre ich eine Schande für meine Familie. Die beiden Mädchen klingelten und gingen kichernd hinein, als man ihnen die Tür aufmachte. Ich wartete kurz, dann klingelte ich ebenfalls. Als die Tür aufging, fing ich auch an zu kichern, damit ich nicht auffiel. Aber kaum war ich drin, stellte ich auch schon fest, dass ich lieber zu Hause geblieben wäre. Da saßen ein paar Mädchen auf dem Boden, hörten anatolische Musik und entfernten sich dabei gegenseitig die Haare von den Beinen, den Armen und anderen Stellen, was mir sehr unangenehm war. Fassungslos blickten die Mädchen mich an, während ich genauso schockiert zurückstarrte.

»Du notgeiler Sack, hast du mich etwa verfolgt?«, schrie meine Schwester. »Ich wusste es doch, du warst schon immer scharf auf meine Freundinnen! Na, wart ab, wenn Vater das mitkriegt!«

Die Mädchen verprügelten mich und warfen mich anschließend aus dem Haus. Damit war ich ein richtiges Weichei geworden, denn die Frauen respektierten mich jetzt gar nicht mehr.

Am nächsten Tag erfuhr mein Vater davon. Bereits am Frühstückstisch begann er mit seiner Ansprache.

»Als ich noch in deinem Alter war, musste ich bei fünfzig Grad Haselnüsse pflücken und später auf der Straße verkaufen. Mit dem Geld konnte ich gerade so für meine fünf Schwestern sorgen, aber was machst du? Du arbeitest nicht, verdienst kein Geld und guckst stattdessen deiner Schwester und ihren Freundinnen beim Enthaaren zu.«

»Aber Baba, ich wusste doch nicht, dass die Mädchen sich enthaaren. Ich dachte, die hätten da drin gefeiert.«

»Und deswegen sollst du überhaupt nicht mehr denken. Das hätt ich dir schon viel früher verbieten sollen!«

Nun war mir auch das Denken verboten.

Der Fernseher

Als ich nach Hause kam, hörte ich, wie meine Eltern sich stritten. Mein Vater hatte eigenmächtig einen Fernseher gekauft, doch der gefiel meiner Mutter überhaupt nicht. Er passte nicht zu der Farbe des Schranks. Stundenlang diskutierten sie über die Zukunft des Fernsehers, da mein Vater keine Lust hatte, ihn zurückzugeben. Dazu hätte er ihn nämlich wieder in unsere A-Klasse quetschen müssen, und so was mag unser Mercedes gar nicht, der war schon sauer, dass ich seinen Stern als Kette trug. Meine Eltern kamen bei ihrem Streit aber immer wieder vom Thema ab. Nach und nach wurde es zu einem poltischen Debakel: Der nationalistische Vater gegen die islamtreue Mutter.

»Frag doch Allah, ob ihm der Fernseher gefällt!«, brüllte mein Vater. »Du solltest nicht so über Allah spotten«, schimpfte meine Mutter.

»Allah hat mich mit dir als Ehefrau bereits verspottet!«

»Ach, dich Esel wollte damals sowieso niemand heiraten, ich hatte nur Mitleid mit dir.«

Irgendwie nervte mich ihr Streit, ich konnte gar nicht in Ruhe am PC sitzen. Daher unterbrach ich ihre Diskussion.

»Könnt ihr nicht ein anderes Mal streiten? Ich würde mir hier gerne ein paar Nacktbilder angucken.«

Meine Eltern drehten sich sofort zu mir um. Sie hatten ein neues Opfer gefunden. Ich hätte mich besser nicht einmischen sollen. »Wenn du nichts zu tun hast, dann kannst du ja den Fernseher zurückbringen«, sagte mein Vater zu mir.

»Und wie soll ich das machen?«

»Nimm ihn und schlepp ihn in den Laden.«

»Das Riesenteil? Bist du verrückt geworden?«

Sofort verpasste er mir eine Ohrfeige.

»Pass auf, wie du mit deinem Vater redest. Als ich in deinem Alter war, musste ich Kühe melken, die waren vier Mal so groß wie dieser Fernseher.«

Zwar verstand ich den Zusammenhang nicht, aber herausreden konnte ich mich jetzt auch nicht mehr. Wenn mein Vater etwas von mir verlangte, dann musste es auch getan werden. Er hatte noch nie ein Nein oder ein Aber geduldet. Der Elektroladen war satte zwanzig Minuten Fußmarsch entfernt. An Unmenschlichkeit konnte meinen Vater keiner übertreffen. Ich umarmte den Fernseher und ging los. Alle zwei Minuten musste ich eine Pause einlegen, weil mir die Arme so wehtaten. Die Leute guckten mich auch schon ganz blöd an: Da lief ein kleiner Türke mit einem Riesenfernseher herum. Als ich den Laden betrat, kippte ich vor Erschöpfung fast um. Ein Mitarbeiter kam auf mich zu.

»Sie wünschen?«

»Ich möchte gern diesen Fernseher zurückgeben.«

»Ist er kaputt?«

»Nein.«

»Wollen Sie ihn gegen einen anderen Fernseher eintauschen?«

»Nein.«

»Haben Sie die Quittung dabei?«

»Nein.«

»Sie kommen mit einem nicht verpackten Fernseher,

dessen Kabel alle rausgucken, haben keine Quittung dabei und wollen jetzt auch noch das Geld dafür?«

»Ja, so ungefähr.«

Die Situation war ziemlich blöd. Mein Vater hatte mir einfach den Fernseher ohne irgendwas sonst gegeben. Mir war das gar nicht aufgefallen, weil ich die ganze Zeit andere Sachen im Kopf hatte. Der Mitarbeiter rief den Sicherheitsdienst. Der hielt mich fest und drohte mir mit Pfefferspray.

»Ich schwöre es, dieser Fernseher ist gekauft«, sagte ich und versuchte, mich loszureißen.

»Natürlich ist er gekauft – und anschließend wurde er von dir geklaut«, sagte der Mitarbeiter.

»Aber meine Eltern haben ihn gekauft, Sie können sie anrufen.«

Der Mitarbeiter packte mich am Kragen und sperrte mich in einen Raum, wo die Arbeitsgeräte der Putzkraft lagen. Ich erzählte einem Besen von meinen Problemen, bis mich nach wenigen Minuten endlich zwei Polizisten befreiten.

»Heute wurde ein Fernsehgerät als gestohlen gemeldet, wahrscheinlich ist es das, das der Junge mitgebracht hat. Wir nehmen den Kleinen jetzt mit aufs Revier«, sagte ein Beamter und führte mich zum Streifenwagen. In der Polizeistation durfte ich dann endlich meine Eltern anrufen.

»Baba, die Polizei hat mich festgenommen, weil sie dachten, ich hätte den Fernseher geklaut. Bitte komm und klär die Sache.«

»Nein, das werde ich nicht.«

»Warum? «

»Weil ich dich bei der Polizei angezeigt hab. Die Quittung vom Fernseher hab ich aus Versehen weggeschmissen. Ohne die konnte ich ihn ja nicht umtauschen. Ich wusste nicht, wie ich das Geld sonst zurückkriegen sollte, also habe ich ihn einfach als gestohlen gemeldet und dir in die Hand gedrückt. Jetzt kriegen wir das Geld von der Versicherung zurück. Deine Mutter und ich gehen gleich einen neuen Fernseher kaufen. Keine Angst, du kriegst nur einen Eintrag in deine Akte und musst ein paar Sozialstunden machen. Aber für dich hat es sich ja auch gelohnt, du wolltest doch auch schon immer einen Fernseher, der zum Schrank passt.«

Arbeit im Urlaub

Nachdem mein Vater seinen Chef angebettelt, angefleht und zum Schluss sogar gekündigt hatte, durften wir endlich in den Urlaub. Wie jedes Jahr hatten wir auch diesmal wieder dasselbe Traumziel, nämlich die Türkei. Und wie jedes Jahr fuhren wir wieder mit unserem Mercedes A-Klasse. Die Fahrt dauerte aber länger als üblich, denn mit Gepäck erreicht der Wagen eine Maximalgeschwindigkeit von 60 km/h und ist zudem noch tiefergelegt. Leider hatten es meine deutschen Freunde nicht so gut wie ich, denn die flogen alle nach Mallorca. Und da sie ständig neidisch auf mich waren, wollte ich denen allen mal eine Postkarte aus unserem Dorf schicken, damit sie mal sehen konnten, wie ein echter Urlaub aussieht.

Nach zwanzig Stunden Fahrt, zwanzig Stunden an der Grenze, zehn Stunden an der Tankstelle und zwei Stunden vor serbischen Klofrauen, die unverschämterweise kein Türkisch, sondern nur Deutsch verstanden, waren wir endlich angekommen, und zwar in Istanbul bei meiner Tante Fatime. Fatime war keine normale türkische Hausfrau, denn sie konnte lachen und fröhlich sein. Mein Onkel Süleyman hatte sie schon mehrmals aus Sorge zum Arzt geschickt, aber es lag wohl an ihrer anormalen Kindheit, in der sie immer gut behandelt worden war.

Natürlich hatte ich mir wie jedes Jahr wieder vorgenommen, viele schöne Anziehsachen in Istanbul zu kaufen, um meine deutschen Freunde damit zu beeindrucken. Schuhe von »Mike«, Hosen von »Elvis« und T-Shirts von »Alidas« waren der Renner bei uns in der Schule. Später habe ich mir auch noch ein paar türkische Fußballzeitschriften geholt, damit ich mich bei der Weiterfahrt nicht langweilte. »Cristiano Ronaldo bei Fenerbahce«, »Messi bei Galatasaray« und »Wolfgang Schäuble bei Besiktas«, hießen die Überschriften dieser glaubwürdigen Zeitschriften. Zum Glück kann man sich auf die politischen Zeitungen in der Türkei verlassen. Ansonsten hätte ich nie herausgefunden, welche neue Villa sich der Ministerpräsident gekauft hatte. Nach drei Tagen in Istanbul ging unsere Fahrt schließlich weiter in unsere Heimatprovinz Ordu. Unser Dorf Cevizlik Köyü, was so viel bedeutet wie »Walnussdorf«, liegt im Landkreis Ulubey. Keine Ahnung, warum das Dorf ausgerechnet so heißt, denn eigentlich gibt es da nur Haselnussbäume. Nach acht Stunden Fahrt, während denen ich unter anderem las, dass Fenerbahce angeblich schon die komplette brasilianische Nationalmannschaft eingekauft hatte, sahen wir dann endlich unser prächtiges Dorf. Als wir ankamen, liefen Hunde und Kinder hinter unserem Auto her.

»Willkommen, ihr Verräter«, begrüßte uns mein Onkel Sevket vor der Haustür, die so morsch war, dass sogar ein Deutscher sie hätte aufbrechen können. Für meinen Onkel Sevket ist jeder Türke, der nicht in der Türkei lebt, ein Ungläubiger oder ein Verräter. Er selber wurde ja damals aus Deutschland abgeschoben, weil er keine Aufenthaltsgenehmigung mehr bekam. Onkel Sevket führte uns in das Wohnzimmer, wo mein Opa gemütlich auf dem Sofa saß und eine Zigarette rauchte:

»Mehmet, mein Sohn. Wenn du willst, kannst du heute bei den Kurden im Gästehaus schlafen, da sind bestimmt auch ein paar Kinder in deinem Alter.«

Dieses verlockende Angebot von meinem Opa hab ich natürlich sofort angenommen – in der Hoffnung, dass ich mir vielleicht mit einem kurdischen Mädchen das Zimmer teilen durfte. Leider waren aber keine Mädchen da, und ich musste mir mit Umut und Ümit sogar das ganze Bett teilen.

Am nächsten Morgen weckte uns mein Opa mit einem Gebrüll auf, wie es selbst das MSV-Stadion bei einem Heimspiel noch nie gehört hat. Wir sind dann alle aufgestanden und rausgegangen, um uns für die Haselnussjagd fertig zu machen. Jeder schnappte sich einen Rucksack und pflückte wie verrückt bei vierzig Grad Haselnüsse. Die Kurden waren doppelt so schnell und vergossen selbst bei dieser Hitze und unter den drei Pullis, die sie trugen, keinen einzigen Tropfen Schweiß. Ich war völlig baff und verstand auch, wieso mein Opa immer dieselben Leute zur Haselnussernte einstellte. So gingen wir also jeden Morgen in den Wald und pflückten bis zum Abend. Abends schlief ich dann vor Erschöpfung sofort ein, während die Kurden feierten und tanzten. Als die Ernte endlich geschafft war, war der Urlaub auch schon zu Ende, und wir konnten unsere Koffer packen. Auf der Fahrt hielt ich eine Rede, wie unfair der Urlaub gewesen wär und dass ich überhaupt keinen Spaß gehabt hätte, aber mein Vater hat schon bei meiner Geburt aufgehört mir zuzuhören. Zu Hause in Deutschland hat mir dann Hans von seinen Urlaubserlebnissen erzählt: Er war in den Ferien wieder einmal in Antalya gewesen, um seinen Vater zu suchen, den seine Mutter damals dort kennengelernt hatte.

»Und was hast du im Urlaub so gemacht?«, fragte mich Hans, worauf ich nur eine Antwort wusste: »Ich durfte mich an den schönen Haselnussplantagen Ordus bräunen …«

Untreue Türken

Es geht ein Gerücht um die Welt. Die Medien berichten jeden Tag darüber, viele Menschen sind bereits betroffen. Man hört es hauptsächlich von Freunden, Verwandten und Bekannten. Alle warnen davor, doch es könnte bereits zu spät sein. Auch die europäischen Regierungen wissen bereits Bescheid: Türkische Männer sind untreu! Genau dieses Klischee erschwert uns das soziale Leben in Deutschland ganz besonders. Man gibt uns keine Arbeit, man streicht uns die Sozialleistungen, und nun dürfen wir nicht mal mehr fremde deutsche Frauen begatten. Vierzig Jahre Gastarbeitertradition sind einfach so dahin. Zu Opas Zeiten durfte man alles rammeln, was nicht bei drei auf dem Baum war, doch heutzutage halten die Frauen einen Sicherheitsabstand von fünfzig Metern zu uns ein. Niemand vertraut uns mehr, noch nicht mal meine eigene Freundin Sibel. Dabei habe ich sie in unserer dreimonatigen Beziehung nur acht Mal betrogen. Für einen Türken ist das ein ziemlich guter Wert, doch sie sieht das alles viel zu dramatisch. Wenn wir zusammen unterwegs sind, darf ich mir nicht mal andere Mädchen angucken.

»Hast du gerade auf ihre Brüste geglotzt?«, fragte sie mich entsetzt, als ich eine junge Frau in der Straßenbahn genauer betrachtete.

»Ja klar!«

»Lüg doch nicht.«

»Ich lüg doch gar nicht, ich sag ja, dass ich wie besessen auf ihre Brüste starre.«

»Du Schwein!«

Sie gab mir mitten in der Bahn eine Ohrfeige.

»Willst du mich verarschen?«, fragte ich entsetzt.

»Wie kannst du mich nur vor meinen Augen betrügen?«

Plötzlich spielte sich in aller Öffentlichkeit ein türkisches Drama ab. Die Leute folgten unserem Gespräch bereits sehr interessiert. Selbst die Kinder und der Ticketkontrolleur hörten auf herumzutoben.

»Ich hab dich doch gar nicht betrogen.«

»Na klar hast du, du starrst ja immer noch auf ihre Brüste!«

Plötzlich fühlte sich die junge Frau anscheinend unwohl. Hastig machte sie ihre Jacke zu, so dass ich nicht mehr auf ihren Ausschnitt blicken konnte.

»Was ist denn schon dabei, sich etwas Schönes anzuschauen? Wir bewundern doch auch Gemälde, genießen blühende Landschaften und schmachten bei Liebesfilmen mit. Das ist doch kein Betrug, wenn der Mensch seine Umgebung genießt. Wenn sie nicht will, dass man sie anguckt, dann soll sie doch nicht so rumlaufen. Sie will doch auch nur Bestätigung. Das verleiht den Frauen ein gutes Gefühl, sonst würden sie sich ja nicht so freizügig anziehen.«

»Du kannst doch auch mich angucken!«

Sibel verstand es nicht. Die Frauen wollen uns Türken ja auch nicht verstehen. Natürlich gucke ich meine Freundin nicht mehr an, sie ist ja schon mit mir zusammen, da ist das Interesse doch längst verpufft. Wenn ich in einer Klassenarbeit eine sehr gute Note schreibe, dann starre ich doch auch nicht die ganze Zeit auf die Zensur, sondern versuche, noch einmal eine gute Note hinzukriegen. Sibel stieg an der nächsten Haltestelle wutschnaubend aus. Natürlich folgte ich ihr.

»Bleib stehen!«, rief ich ihr hinterher.

»Lass mich in Ruhe«, rief sie zurück.

»Sibel, du hast Recht. Ich darf nicht sagen, was ich denke, ich muss das sagen, was ich nicht fühle!«

Natürlich verstand sie diesen Satz genauso wenig wie ich, doch er zeigte trotzdem Wirkung. Sie drehte sich kurz um, so dass ich ihr sofort den berühmten türkischen Schmollblick verpassen konnte. Keiner kann widerstehen, wenn ein Türke mal traurig guckt, denn dieser Dackelblick lenkt von allem Schmerz und Leid auf dieser Welt ab. Sibel rannte auf mich zu, umarmte mich und drückte mich ganz fest an sich.

»Tut mir leid, Schatz. Es war mein Fehler.«

Der Trick hatte funktioniert, die Freundin war wieder beruhigt. Eigentlich hatte ich mit ihr ins Kino gehen wollen, doch wegen dieses ganzen Dramas hatten wir den Film verpasst, also gingen wir essen. Direkt auf dem Weg befand sich ein asiatisches Restaurant. Zu meiner Überraschung arbeiteten überhaupt keine Kinder im Lokal. Wahrscheinlich hatten sie die Blagen im Keller versteckt, damit sie in Ruhe Kartoffeln schälen konnten. Sibel bestellte sich wieder einmal das teuerste Gericht auf der Karte, so dass ich mir selber nur einen kleinen Salat leisten konnte, denn ich musste schließlich für sie mitbezahlen. Die Deutschen kennen so etwas nicht, da sie allgemein alles getrennt zahlen, doch bei uns Türken bezahlt nur der Mann! In einer deutschen Ehe wird ja achtsam auf den Kassenzettel geschaut, aber für uns ist so was viel zu kompliziert.

Nach dem Essen ging ich mir kurz meine Hände waschen, während Sibel weiter an ihrem Hummer rumspielte. Als ich von der Toilette zurückkehrte, unterhielt sie sich plötzlich mit dem jungen chinesischen Kellner. Kaum war ich mal zwei Sekunden weg, schon hinterging sie mich.

»Was soll das?«, fragte ich.

»Wie bitte?«

»Du flirtest da mit meiner Freundin!«, schnauzte ich den Jungen an.

»Ich wollte doch nur die Rechnung bringen.«

»Ich geb dir gleich die Rechnung!«

Meine Faust landete direkt in seinem Gesicht und er selbst blutend auf dem Boden. Die Mitarbeiter im Restaurant kamen ihm sofort zur Hilfe.

»Was hast du nur gemacht?«, fragte Sibel kreischend.

»Halt die Klappe, ich hab doch genau gesehen wie du dich an den Jungen rangemacht hast. Hab ich dir erlaubt, mit ihm zu reden? Nein, du Miststück betrügst mich bestimmt schon seit Jahren. Ich will dich nie wiedersehen!«

Wütend verließ ich das Restaurant. Einfach unglaublich, dass mich Sibel betrogen hatte, dabei war ich ihr immer so treu gewesen. Ich liebte sie so sehr, und sie hinterging mich einfach mit dem erstbesten Kellner. Die Welt war wirklich sehr ungerecht. Ich habe es ja schon immer gewusst: Türkische Mädchen sind untreu!

Die Cousine

Gerade, als ich dabei war, ein großes Geschäft zu erledigen, schellte es plötzlich an der Tür. Weil das Klingeln gar nicht mehr aufhören wollte, legte ich kurz eine Halbzeit ein und machte die Tür auf. Natürlich war es wieder einmal mein Vater. Obwohl er sogar einen Schlüssel dabei hatte, war er zu faul, die Tür aufzumachen. Aber er war nicht allein, denn er hatte meine dicke Cousine aus der Türkei mitgebracht. Ich wusste gar nicht, was die hier wollte, erwartet hatte ich sie nicht. Außerdem konnte ich sie nicht leiden. Sie war fett, hässlich und noch behaarter als mein Vater. Aber das waren nicht alle Gründe, warum ich eine gewisse Antipathie gegen sie hegte: Als ich klein war, hatte sie mich während unseres Urlaubs in der Türkei immer verprügelt. Und wenn ich dann mal petzte, hab ich auch noch Prügel von meinen Eltern bekommen, weil sie mir nicht glaubten.

»Mehmet, guck mal, wen ich mitgebracht hab: deine neue Frau«, präsentierte mein Vater mir stolz meine Cousine.

»Was?«

»Ihr werdet nächste Woche heiraten!«

Ich konnte meine Gefühle nicht in Worten ausdrücken. Es war so, als ob man gerade von einem Ochsen besprungen wurde. Ich sollte meine eigene Cousine heiraten? Diesmal hatte es mein Vater wirklich geschafft. Rückständiger ging es nicht! Als ob das noch nicht reichte, lächelte dieses dicke Mädchen mich auch noch schüchtern an.

»Wie, heiraten? Ich will doch nicht die da!«

»Red nicht so über deine Verwandten. Guck mal, sie ist extra aus der Türkei gekommen, nur um deine Frau zu werden!«

»So ein Schwachsinn, die kennt mich ja noch nicht mal!«

»Natürlich kennt sie dich, sie ist deine Cousine.«

»Ahmet, damals waren wir noch klein, ich wollte dich echt nicht hauen. Aber jetzt empfinde ich wirklich was für dich«, mischte sie sich ein.

»Du kennst ja noch nicht mal meinen Namen. Baba, ich will die nicht heiraten, die ist gar nicht mein Typ. Du weißt doch, ich steh mehr auf diese assimilierten Mädchen. Außerdem bin ich ja noch in der Schule!«

»Ach, mit deiner Bildung wird das eh nie was. Du tust, was ich dir sage. Außerdem schläft sie heute in deinem Bett.«

»Und wo soll ich schlafen?«

»Im gleichen Bett. Du behauptest ja immer, du wärst ein moderner und aufgeklärter Mensch, also könnt ihr auch im selben Bett schlafen, ohne Sex zu haben.«

Mein Vater hatte mich mit meinen eigenen Waffen geschlagen. Natürlich weigerte ich mich weiterhin, mit diesem dicken Mädchen in einem Bett zu schlafen. Ich hätte auch sowieso nicht mehr reingepasst. Also legte ich mich einfach auf den Boden daneben. Die ganze Nacht schmiedete ich Fluchtpläne. Sie lag ruhig da und gab keinen Ton von sich. Kurz bevor ich einnickte, begann sie dann zu reden.

»Bist du aufgeregt, weil wir heiraten?«, fragte sie.

Eigentlich hatte ich mehr Angst davor, von ihr plattgedrückt zu werden, falls sie heute Nacht aus dem Bett fiel. Aus lauter Müdigkeit beschloss ich, ihre Frage zu ignorieren.

»Weißt du noch, wie ich deiner Mutter früher erzählt hab, dass du mir ständig Geld klaust?«, fragte sie weiter.

»Ja.«

»Weißt du noch, wie ich dich mal mit einem Messer bedroht hab?«

»Ja.«

»Und weißt du noch, wie ich die Dorfkuh geschlachtet und anschließend unserer Oma erzählt hab, du hättest es getan, weil du gerne das Blut von Kühen trinkst?«

»Ach, deswegen konnte sie mich nicht leiden.«

»Nicht nur deswegen. Ich hab ihr auch erzählt, dass du gar nicht ihr richtiges Enkelkind bist, sondern dass dich dein Vater nur adoptiert hat, damit er in Deutschland mehr Kindergeld kriegt.«

»Toll. Kein Wunder, dass sie mir zu Bayram nie Geld geschickt hat.«

»Das tut mir alles wirklich sehr leid. Eigentlich hattest du gar nichts verbrochen, und ich hab meinen ganzen Hass einfach an dir ausgelassen.«

Dieser Satz weckte mich wieder einigermaßen auf. Ich war schon ziemlich verblüfft, dass meine Cousine sich bei mir entschuldigte, aber irgendwie machte das die Dinge nicht ungeschehen. Ich konnte sie immer noch nicht leiden.

»Warum willst du mich denn so dringend heiraten?«, fragte ich.

»Ich will endlich ein schöneres Leben haben.«

»Aber doch nicht mit mir. Ich meine, es gibt bestimmt bessere Kerle in der Türkei.«

»Ja, das stimmt.«

»Und wieso willst du mich dann heiraten? Ist es nicht besser, wenn man sich das Leben mit einem geliebten Menschen teilt?«

»Liebe hin oder her, erst kommt das Leben. Im Dorf ist das ziemlich perspektivlos. Ich wollte weg, deshalb bin ich hierhergekommen. Nun brauche ich eine Aufenthaltsgenehmigung für Deutschland, und dich zu heiraten ist der einfachste Weg.«

Jetzt war mir alles klar. Sie hatten mich nur amtlich ausgenutzt. Das war wieder einmal typisch für meinen Vater. Wir Türken finden immer einen Weg, um eine Aufenthaltsgenehmigung für Deutschland zu kriegen. Und jetzt sollte ich für diese Systemlücke büßen. Doch diesmal ließ ich mir das nicht gefallen. Ich lasse mich doch nicht verheiraten, nur damit diese blöde Kuh in Deutschland leben darf!

Am nächsten Tag standen zwei Polizisten vor unserer Tür. Meine Cousine wurde von den Beamten abgeführt. Ich hatte sie schamlos verpetzt. Gestern hatte ich der Polizei gemeldet, dass sich eine Türkin illegal in unserer Wohnung aufhielt. Anscheinend hatte sie sich für ihren kurzen Urlaub in Deutschland kein Visum besorgt. Woher ich das wusste? Türken beantragen nie ein Visum, denn selbst dafür sind sie zu faul!

Mistanbul

Dieses Jahr flog ich nach Istanbul, die einzige türkische Stadt, die von den Türken als europäisch bezeichnet wird. Warum das so ist, weiß ich nicht, aber bestimmt hatten die korrupten Politiker, die Prostituierten und die Transsexuellen, für die Istanbul berühmt war, etwas damit zu tun. Gleich am Anfang der Winterferien schickte mich mein Vater dorthin. Ich wusste schon, wieso er mich so schnell wie möglich loswerden wollte, denn dann konnte er endlich seine konservativen Freunde einladen, die mich immer so nervten. Sie hatten mehr Vorurteile gegenüber Minderheiten als ein Hund gegenüber Katzen oder ein Taxifahrer gegenüber Navigationsgeräten. Dabei waren sie selbst eine Minderheit in Deutschland.

Als ich in Istanbul ankam, war dort alles so wie in meinen Träumen. Mit einem orientalischen Lied im Kopf betrachtete ich während der Taxifahrt die Bosporusbrücke und kaufte ein paar Kindern auf den Straßen Taschentücher ab. Auf den Straßen von Duisburg gibt es nie Taschentücher zu kaufen, aber Istanbul ist uns halt immer einen Schritt voraus, wenn es um die freie Marktwirtschaft geht. Die Fahrt ging also direkt zu meinem Onkel Süleyman, der in der Altstadt wohnte. Mein Onkel Süleyman war damals in unserer Heimatstadt Ordu der beste Haselnusspflücker gewesen, denn er war einer der schnellsten und fast nie erschöpft. Nur deshalb ist er überhaupt nach Istanbul gekommen. Er wollte dort Karriere machen. Leider wusste er damals nicht, dass es in Istanbul gar keine Haselnüsse oder überhaupt irgendwelche Pflanzen gibt, denn Istanbul besteht nur aus Brücken, Straßen und Moscheen. Irgendwann hat er sich dann aber trotzdem entschieden, in Istanbul zu bleiben, da er keine Lust auf die lange Rückfahrt hatte – so ähnlich wie die türkischen Gastarbeiter in Deutschland.

Als ich bei meinem Onkel ankam, empfing er mich herzlich vor der Tür.

»Mein Lieblingsneffe! Du bist ja schon so groß geworden! Sollen wir hier eine Ehefrau für dich finden?«

»Nein danke, Türken gibt es schon genug in Deutschland«, lehnte ich das Angebot dankend ab.

»Und wie steht es mit Haselnüssen? Braucht ihr denn nicht ein paar talentierte Pflücker?«

»Ach, in Deutschland gibt es zwar Haselnussbäume, aber keine Haselnüsse, denn die Eichhörnchen fressen sie alle auf.«

»Schade. Ich trag dann mal deine Sachen hoch, und dann können wir Scheiße bauen, denn wir haben die Bude ganz für uns allein!«

Mein Onkel ließ den Taxifahrer meine Koffer hochschleppen. Während er ihn ins richtige Zimmer dirigierte, schaute ich mir seine Wohnung ganz in Ruhe an. Überall hatte er Bilder von seiner Heimatstadt hängen, die Zimmer waren sehr groß, und er hatte sogar einen kleinen Garten vor der Tür – mit einem Grab. Ich näherte mich dem Grab und war schockiert über das, was auf dem Grabmal eingraviert war:

Der kleine Mehmet
1992–2011
Mein Lieblingsdeutscher, Ruhe in Frieden

Warum da »Deutscher« stand, konnte ich mehr oder weniger leicht erklären, denn die Tatsache, dass ich in Deutschland geboren bin, machte mich in meinem eigenen Heimatland zum Ausländer. In Deutschland war ich ein Türke und in der Türkei war ich halt ein Deutscher. Die ganze Sache ist sehr kompliziert: Im Großen und Ganzen schaut ein Deutscher eher verächtlich auf die deutschen Türken, und ein Türke schaut eher mitleidig auf den türkischen Deutschen, denn einen Deutschtürken erkennt man auch in der Türkei nicht nur an seinem guten Aussehen, sondern auch an seiner etwas gebrochenen Sprache. Aber eigentlich hatte ich keine Zeit, um über so etwas nachzudenken, denn mein Onkel wollte mich ja offenbar umbringen! Die ganzen Ferien lang würden mein Onkel Süleyman und ich allein in der Wohnung sein, da er seine Süleyfrau und die Süleykinder in unsere Heimatstadt Ordu geschickt hatte. Es waren ja noch ein paar Wochen bis zu meinem Tod im Jahr 2011, deshalb versuchte ich, es mir in meinem Urlaub oder in den restlichen Tagen meines Lebens gutgehen zu lassen. »Genieße jeden Augenblick« meinten die Deutschen doch immer. Wir besorgten uns für ganz viel Geld ein paar russische Nut... äh, Frau... äh, Hellseherinnen und ließen uns die Zukunft voraussagen. Meine Zukunft (obwohl ich 2011 sterben würde, aber das konnten die Hellseherinnen ja nicht ahnen) sah so aus: Viele Steuern, dann keine Rente und anschließend die Weltherrschaft Chinas und der Tod. Na, das hätte ich auch ohne Hellseher voraussagen können. Tag für Tag bauten mein Onkel und ich Scheiße. Wir leckten an den legendären Säulen der Bosporusbrücke, die wie Oma unterm Arm schmeckten, stritten uns mit türkischen Markthändlern um die Echtheit ihrer Ware und klauten den reichen Bettlern Geld, um es an die Armen weiterzugeben. Aber trotz des ganzen Spaßes hatte ich immer noch Angst vor meinem Onkel. Außerdem hielt ich es in Istanbul langsam nicht mehr aus. Draußen stank es ständig nach Fisch, drinnen stank es nach Knoblauch, und jedes Mal, wenn wir uns ins Auto setzten, mussten wir drei Stunden im Stau stehen, selbst wenn wir einfach nur zum Markt um die Ecke wollten. Die Leute in Istanbul waren inzwischen genauso wie die Europäer: Sie liefen stets halbnackt herum, hatten nie Mitleid mit den Bettlern und diskriminierten gerne Leute auf offener Straße. Es war eine Stadt ganz nach europäischem Prinzip. Eine Sammlung von Minderheiten, die für jede Schandtat herhalten musste, eine riesige Bürokratie und ein Schwarzes Meer voll mit dem Urin deutscher Urlauber.

Tag für Tag war ich mit meinem Onkel Süleyman zusammen, aber den Eindruck, dass er mich umbringen wollte, machte er nicht. Er war wohl ein ziemlich genialer Psychopath. Einen Tag vor dem Silvesterabend floh ich dann aus dem Haus. Nun war ich ganz allein auf den Straßen von Istanbul und musste mir einen Ort zum Schlafen suchen, denn mein Flug ging erst in drei Tagen. Kein Hotel nahm mich auf, da ich noch zu jung war, kein Bettler wollte seine Sitzbank mit mir teilen, und selbst im Puff durfte ich nicht länger als drei Stunden bleiben. Erst am zweiten Tag entdeckte ich eine freie Sitzbank, legte mich darauf und schlief sofort ein, bis ein Polizist mich am darauffolgenden Tag weckte.

»Ich glaub, das ist der Kerl«, sagte er zu seinem Kollegen.

»Nimm ihn mit. Erst mal werden wir ihn verprügeln, und dann können wir ihn wieder nach Hause schicken«, lachte der.

»Alles, aber bloß nicht zu meinem Onkel! Der will mich doch umbringen!«, bettelte ich die beiden Polizisten an.

»Das geht ja nicht, wir beschützen dich doch«, beruhigte mich einer der beiden. So fuhren wir gemeinsam mit dem Streifenwagen wieder zu meinem Onkel Süleyman.

»Mehmet, wo warst du? Ich hab dich die ganze Zeit gesucht«, rief mein Onkel und rannte besorgt auf mich zu.

»Er hatte den Verdacht, dass Sie ihn umbringen wollen, und ist aus Angst geflohen«, klärte ihn einer der Polizisten auf.

»Wie kommst du denn auf den Quatsch?«, fragte mein Onkel und guckte mich dabei ganz blöd an.

»Du hast doch im Garten schon ein Grab für mich vorbereitet! Da steht: ›Für meinen Lieblingsdeutschen Mehmet‹.«

»Ach so! Aber Mehmet, das ist das Grab von meinem deutschen Schäferhund. Ich glaube, das ist ein großes Missverständnis. Hätte ich ihn doch Süleyhund genannt!« Mein Onkel lachte über seinen eigenen Witz.

»Okay, für zweihundert Euro vergessen wir die ganze Sache und lachen mit«, unterbreitete ihm der Polizist ein unwiderstehliches Angebot. Nach der Geldübergabe lachten und verabschiedeten sie sich, und damit war der Fall auch schon gelöst. An meinem letzten Tag in Istanbul wiederholten mein Onkel und ich dann das verpasste Silvester, denn in Istanbul ist nichts unmöglich. Dann verabschiedete ich mich von meinem lieben Onkel Süleyman, der zum ersten Mal ohne seine Frau Spaß gehabt hatte. Am Flughafen kaufte ich mir noch schnell gefälschte Fußballtrikots, und kaum saß ich im Flieger, vermisste ich auch schon mein Heimatland. Auch wenn das Leben in Istanbul genauso beleidigend ist wie das Leben in all den anderen europäischen Ländern, fühlt man sich doch zu Hause am wohlsten. Selbst dann, wenn man kein Zuhause hat.

Nach diesem tollen Erlebnis ist mir aber eine Sache erst in Deutschland aufgefallen: Wie konnte denn der Süleyhund 2011 sterben, obwohl ich das Grab 2010 entdeckt habe? Und seit wann besitzen Türken in der Großstadt Hunde? Ich glaube, mein Onkel wollte mich doch umbringen ...

Baba hat immer Recht

»Mehmet, ich will dich endlich mal meinen Eltern vorstellen«, schlug meine Freundin Sibel wieder einmal vor. Seit einem Monat nervte sie mich schon deswegen. Aber ich folgte lieber dem Rat meines Vaters: »Besuch niemals die Eltern von türkischen Mädchen, sonst kriegen die einen falschen Eindruck.«

Ich hab nie verstanden, was er damit eigentlich meinte, aber bei solchen Sachen ist er immer sehr gescheit. Zwar weiß er immer noch nicht, was der Unterschied zwischen einem Handy und einem Laptop ist, aber wenn es um Mädchen geht, dann denkt er ganz modern. Doch diesmal hatte Sibel mich überredet. Sie meinte, ihre Eltern hätten zu ihren zwanzig deutschen Ex-Freunden auch nichts gesagt.

Mit einem halbwegs gebügelten Hemd und brav zur Seite gekämmten Haaren stand ich also vor der Haustür der Familie. Die Mutter machte mir auf: »Komm herein, im Wohnzimmer warten sie schon auf dich.«

Leicht irritiert betrat ich das Wohnzimmer. Dort saß der Vater in einem schicken Anzug. Direkt daneben der Bruder, die Tante, der Großvater und ein paar andere Verwandte von Sibel. Die gesamte Sippschaft von ihr war da. Sogar ein kleinwüchsiger Imam hatte sich auf dem Sofa breitgemacht.

»Wo sind deine Eltern, mein Kind?«, fragte mich ausgerechnet der kleine Imam.

»Meine Eltern ...?«

»Setz dich doch«, unterbrach uns die Tante und bot mir den Platz neben Sibels Vater an. Ich setzte mich. Sibels Vater legte sofort seinen Arm um meine Schulter.

»So, so, du bist also der Mehmet. Sibel hat mir schon so viel von dir erzählt. Sie hat gemeint, du bist groß, gut aussehend und höflich. Und ich finde, damit hatte sie sogar Recht«, log er mich direkt an. Ich war nämlich nur 1,68 m groß, und gut aussehen tat die Tante von Sibel sogar besser als ich, aber ich fühlte mich trotzdem geschmeichelt.

»Hast du schon deinen Militärdienst absolviert, mein Junge?«, fragte mich Sibels Vater.

»Nein, ich geh noch zur Schule.«

»Was willst du denn später mal werden?«, wollte die Tante wissen.

»Ein Student.«

»Wie oft gehst du beten?«, fragte mich der Mini-Imam.

»Oft genug.«

Schließlich kam Sibel herein und servierte uns allen Kaffee.

»Sibel, was ist hier los?«, flüsterte ich ihr ins Ohr.

Sie antwortete mir nicht, sondern stellte bloß den Kaffee auf meinen Beistelltisch. Danach setzte sie sich neben das Sofa auf den Boden. Plötzlich waren alle ganz still und guckten mich schweigend an. Ich wusste gar nicht, was die jetzt von mir erwarteten. Das Einzige, das ich wusste, war, dass ich gar nichts wusste.

»So, Junge, kommen wir zur Sache. Weswegen bist du hier?«, fragte mich Sibels Vater.

»Ja, Sibel meinte, ich sollte Sie mal kennenlernen.«

»Ja, jetzt haben wir uns kennengelernt. Also, weswegen bist du eigentlich hier?«

»Wie?«

»Du weißt schon, du bist hier und willst mit Allahs Erlass ...«

»Was?«

»... und im Übereinkommen mit unserem Propheten unsere Tochter heiraten.«

»O mein Gott!«

Schreiend flüchtete ich aus dem Zimmer. Jetzt erst begriff ich die Situation. Die dachten, ich würde um die Hand ihrer Tochter anhalten! Kaum besucht mal ein Türke die Eltern seiner Freundin, wollen die schon ihre Tochter verschenken. Dafür war ich aber doch noch viel zu jung! Ich musste mir unbedingt was einfallen lassen. Nur mein traditionsbewusster Vater konnte mich jetzt noch retten. Aus dem Badezimmer rief ich ihn schnell an.

»Baba, ich hab die Eltern meiner Freundin besucht«, flennte ich in mein Handy.

»Na und?«

»Sie ist Türkin!«

»Du Ochse, hast du denn gar nichts von mir gelernt? Mein Gott, du hättest mir wirklich Bescheid sagen können. Hast du denen wenigstens Pralinen mitgebracht?«

»Ich will die Tochter ja gar nicht haben, das war ein Missverständnis!«

»Dann sag einfach, du warst schon mal verheiratet.«

»Hä? Und was soll mir das bringen?«

»Mach es einfach, dein Baba hat immer Recht.«

Also wusch ich mir das Gesicht und ging dann aufgeregt wieder zurück ins Wohnzimmer. Alle grinsten mich an.

»Was war denn los, Junge? Ist dir vor lauter Aufregung schlecht geworden?«, fragte mich Sibels Tante.

»Nein, aber ich hab ein schlechtes Gewissen, weil ich vergessen hab zu erwähnen, dass ich schon mal verheiratet war. Ich hab mich von meiner ersten Frau scheiden lassen, weil sie nicht kochen konnte.«

Plötzlich grinste keiner mehr. Alle guckten mich etwas herabwürdigend an.

»Wenn das so ist, dann kriegst du meine Tochter nicht. Sie spielt schließlich noch in der Amateurliga, und es wäre nur gerecht, wenn ihr zukünftiger Ehemann ebenfalls in dieser Liga spielen würde. Du bist aber schon ein Profi.«

Zwar hatte ich kein Wort von dieser Ansprache verstanden, aber ich war froh, als ich wieder allein vor der Haustür stand. Ich werde meine eigene Kultur wohl nie verstehen ...

Meine Schwester, ihr deutscher Freund und ich

Letztens stand ein fremder Junge bei uns in der Küche. Ich wusste überhaupt nicht, was er bei uns zu suchen hatte. Er guckte mich ganz blöd an, fast so, als ob ich hier der Fremde im Haus wäre.

»Hallo, ich bin der Michael«, begrüßte er mich.

»Schön für dich, was suchst du in unserer Küche?«

»Ja, die Melda meinte, ich könnte mir hier was zu trinken holen, aber ich finde nichts.«

»Natürlich nicht, bei uns Türken wird ja auch nur Tee getrunken. Und woher kennst du Melda, du bist doch ganz bestimmt ihr Klassenkollege, oder?«

»Nein, ich bin ihr Freund.«

Sofort landete meine Faust in seinem Gesicht. Das war noch nicht mal gewollt, irgendwie eher ein Reflex. Genauso schnell begann der Junge auch schon zu bluten. Irgendwie passte es mir nicht, dass meine eigene Schwester einen Freund hatte. Jahrelang hatte ich sie unbarmherzig erzogen, und plötzlich brachte sie einen fremden Jungen mit nach Hause.

»Na toll, jetzt guck mal, was du hier angerichtet hast«, sagte ich zu ihm, weil er die ganze Küche mit Blut volltropfte. Plötzlich platzte meine Schwester rein.

»Was hast du gemacht?«, fragte sie mich schockiert.

»Ich hab deinen Freund kennengelernt. Ich glaub, er wollte gerade gehen, und da bekam er plötzlich Nasenbluten. Bestimmt liegt es an der Temperatur. Soll ich einen Arzt rufen?«

»Nein danke, es geht schon wieder«, antwortete er. Meine Schwester gab ihm ein Taschentuch und kümmerte sich fürsorglich um ihn. Mich hätte sie an seiner Stelle glatt krepieren lassen. Irgendwie war ich aber immer noch wütend. Das war voll die Flachpfeife, die meine Schwester da mitgebracht hatte. Sie hatte die beste Erziehung gekriegt, die ein türkisches Mädchen je erleben würde, und dann brachte sie so einen deutschen Dorftrottel an.

»Mist, ich wollte Michael heute meinen Eltern vorstellen, und jetzt blutet er aus allen Nasenlöchern«, beschwerte sich meine Schwester.

»Naja, wenn Baba ihm als Erstes begegnet wäre, hätt er auch noch aus den restlichen Löchern geblutet. Weiß er denn schon Bescheid?«

»Natürlich, ich brauch doch so was nicht zu verheimlichen.«

»Wie?«

»Baba hatte nichts dagegen.«

Mein Vater hatte nichts dagegen? Auf einmal wusste ich nicht mehr, auf welchem Planeten ich mich gerade aufhielt. Seit wann tolerieren denn türkische Eltern so etwas? Hatte ich etwa ein neues Aufklärungszeitalter verpasst? Wenn schon so ein überintegrierter Türke wie ich ihn nicht leiden konnte, warum sollte mein konservativer Vater das tun? Ich musste die Sache schnell persönlich mit ihm klären, bevor es zu spät war. Als er erschöpft von der Arbeit nach Hause kam, befand sich dieser dämliche Michael immer noch in unserer Wohnung.

»Baba, Baba, die Melda hat einen Freund!«, petzte ich sofort.

»Ja, ich weiß.«

»Aber er ist ein Deutscher!«

»Ja, das weiß ich auch.«

»Soll ich ihn verprügeln?«

»Nein, das tust du nicht.«

Was war nur passiert? Warum reagierte mein Vater nicht so barbarisch, wie er es sonst immer tat? Urplötzlich waren alle Gewissheiten dahin. Ständig wollte ich das Gegenteil von meinem Vater sein, und jetzt war er plötzlich auf der Seite der Guten. Ich wusste gar nicht, was ich machen sollte, mein ganzes Weltbild war im Eimer. Und als ob das noch nicht reichte, aß dieser Michael auch noch mit uns zu Abend. Mein Vater, meine Mutter und meine Schwester unterhielten sich fröhlich mit ihm, aber ich saß nur rum wie ein sturer Bock. Wieso mochten ihn alle? Er sah aus wie einer von diesen deutschen Jungen, die alles von ihren Eltern bekamen und sich dann immer noch beschwerten, dass ihnen langweilig wär. So was kotzte mich an. Außerdem respektierte er meine Autorität nicht. Ich war hier der türkische Bruder. Es war meine Aufgabe, ihn zu verscheuchen. Er hatte keinen Respekt vor mir.

Plötzlich flippte ich aus. »Was soll die Scheiße hier?«, brüllte ich.

»Was denn?«, fragte mein Vater ebenso lautstark zurück.

»Ja, guckt euch doch mal an! Ihr sitzt da seelenruhig mit dem Freund meiner Schwester an einem Tisch. Habt ihr denn überhaupt keine Ehre mehr? Wisst ihr denn nicht, dass er sie entjungfern könnte? Diese Deutschen haben doch kein Bewusstsein für so was. Der will Melda doch nur ins Bett kriegen, und dann haut er wieder ab. Das kann ich nicht dulden!«

»Was hast du denn? Der Michael ist doch ein ganz lieber Junge. Natürlich darf er eine Beziehung mit deiner

Schwester eingehen, schließlich ist es doch ihre Freiheit, darüber entscheiden zu können. Ich meine, du bringst ja auch jede Woche ein neues Mädchen nach Hause, warum sollte das deine Schwester nicht tun? Hat sie nicht ebenso das Recht darauf wie du?«

Ich war schockiert, als ich das von meinem eigenen Vater hörte. Was war nur mit ihm passiert? Wo war sein konservatives Denken? Wo war seine türkische Aggressivität? Er war wie ein neuer Mensch. Ich wusste nicht, ob ich glücklich oder traurig sein sollte. Bei seiner neuen liberalen Einstellung konnte ich mir theoretisch alles erlauben. Aber wenn alles erlaubt ist, ist ja der ganze Spaß weg. Mein Leben machte keinen Sinn mehr.

Tag für Tag hatte ich zu leiden. Ich kam mit meinem Leben nicht mehr zurecht. Seit dieser Michael uns ständig besuchte, machte mein Vater einen auf integrierten Kanaken. Manchmal rasierte er sich sogar extra seinen Schnauzbart für ihn ab.

Irgendwann trennte sich meine Schwester wieder von Michael, was mich nicht sonderlich überraschte, und mein Vater kehrte zum Glück wieder zu seiner ursprünglichen Einstellung zurück. Nun konnten wir endlich wieder heftig diskutieren.

»Sag mal, warum habt ihr diese Kartoffel eigentlich so gern gehabt? Hat er euch Geld gegeben?«, fragte ich ihn.

»Ach, bist du bekloppt? Ich mochte ihn doch nicht, aber er ist der Sohn von meinem Chef!«

Der Berufsabend

Unsere Schule veranstaltete einen Berufsabend. Die Schüler durften ihren Wunschberuf in eine Liste eintragen. Wenn sie Glück hatten, wurde jemand eingeladen, der diesen Beruf ausübte und uns dann etwas darüber erzählen konnte. Für diesen Abend waren acht Berufe vorgesehen. Als die Liste bei mir ankam, standen schon folgende Vorschläge darauf:

- Zahnarzt
- Chirurg
- Kloschüsselreiniger
- Brückenpenner
- Puffmutter

Irgendwie war das alles nicht nach meinem Geschmack, obwohl ich zu diesem Zeitpunkt noch gar nicht genau wusste, was ich werden wollte. Auf jeden Fall etwas, wo ich nicht viel arbeiten musste und trotzdem genug Geld zum Leben hatte – zum Beispiel Prinzessin. Aber leider gibt es in Deutschland nur Berufe, in denen man viel arbeitet und trotzdem wenig kriegt, so wie der meines Vater. Mir fiel nichts ein, also schrieb ich einfach: »Drogendealer«.

Nach zwei Wochen hing eine neue Liste am schwarzen Brett. Sie begann mit einer Beschwerde, dass wieder einmal viele Schüler diese Chance nicht ernst genommen und einfach nur Schwachsinn geschrieben hätten. Folgende Berufe hatten es auf die Liste geschafft:

- Polizist
- Bundeswehrsoldat
- CDU-Politiker
- Uniprofessor
- Lehrer
- Zollbeamter
- Staatsanwalt
- Drogendealer

Ich war mir nicht sicher, ob meine Mitschüler wirklich solche Berufe vorgeschlagen hatten. Ob die Menschen in Afghanistan vor Abiturienten größere Angst hatten als vor Soldaten mit Hauptschulabschluss? Den Berufsabend würde ich aber auf jeden Fall besuchen, denn schließlich wollte ich den Drogendealer hören. Bestimmt hatte er viele interessante Geschichten zu erzählen.

Am Tag des Berufsabends hingen überall in unserer Aula Plakate des Schulministeriums mit Slogans wie »Sichere Zukunft«, »Abitur, was nun?« oder »Ali, Mehmet, Mustafa, keine Sorge mehr, eure Perspektive bei der Bundeswehr«. Viele meiner Mitschüler waren gekommen und hatten sogar ihre Eltern mitgebracht. Es gab Essen und Getränke umsonst. Meine Lehrer fehlten zum Großteil, anscheinend hatten sie andere Dinge zu tun. Ich setzte mich auf einen freien Platz. Natürlich war meine gierige Schwester ebenfalls dabei, denn sie wollte gratis essen und trinken. Als es in der Aula endlich still war, trat unser Schuldirektor auf die Bühne.

»Ich heiße Sie zu unserem Berufsabend herzlich willkommen. An diesem Abend werden wir Ihnen einige interessante Berufe vorstellen. Natürlich sind wir dabei auf die Wünsche der Schüler eingegangen, damit sie sich auch einen Eindruck von ihrem Wunschberuf machen können. Außerdem haben wir uns genau an die Vorgaben des Schulministeriums gehalten. Ich wünsche Ihnen einen amüsanten Abend.«

Ein kleiner Beifall ertönte, und dann betrat auch schon der erste Bundeswehrsoldat die Bühne.

»Guten Tag, mein Name ist Alexander Struck. Ich bin seit vier Jahren Soldat bei der Bundeswehr. Als Kind wollte ich eigentlich Lehrer werden, doch meine Noten in der Schule waren nicht gut genug. Deshalb war ich eine Weile ziemlich orientierungslos, bis ich meinen Wehrdienst absolvierte. Es gefiel mir so gut, dass ich Interesse hatte, weiterzumachen. Die Bundeswehr versprach mir einen sicheren und gut bezahlten Arbeitsplatz, und dieses Versprechen hat sie auch erfüllt. Wenn ich nicht gerade im Auslandseinsatz bin, habe ich genug Zeit für meine Familie. Soldat ist der perfekte Beruf für jemanden, der Spaß und Arbeit verbinden will. Man sieht andere Länder, andere Kulturen und Sitten. Es ist ein berauschendes Gefühl, wenn man weiß, dass man in diesen Ländern ist, um das Leben der Menschen dort zu retten. All diesen hungernden und armen Kindern können wir helfen, indem wir ihnen das richtige politische System beibringen, nämlich die westliche Demokratie.«

Es gab einen Riesenapplaus für den Soldaten. Meine Mitschüler waren begeistert von dieser Rede. Kein Wunder, der Soldat konnte ein Massaker so schönreden, dass es fast schon nach Urlaub klang. Nachdem der Bundeswehrsoldat gegangen war, betrat wieder unser Schuldirektor die Bühne:

»Es tut mir leid, Ihnen mitteilen zu müssen, dass der

angekündigte Universitätsprofessor aus zeitlichen Gründen nicht kommen konnte. Als Ersatz hat uns das Schulministerium einen Marinesoldaten bereitgestellt.«

Wieder betrat ein Soldat die Bühne. Ich glaube, es war derselbe wie gerade eben, nur dass er das Kostüm gewechselt hatte. Seine Rede beinhaltete auch so ziemlich das gleiche Thema. Die Menschen in Afghanistan bräuchten in erster Linie Demokratie. Wohlergehen, Nahrungsmittel und andere Grundbedürfnisse kämen dann später. Danach folgten noch die anderen Berufe, was aber ziemlich uninteressant war, da die Redner eigentlich nur ihr Gehalt und die Sicherheit ihrer Anstellung lobten. Zum Schluss betrat dann der Drogendealer die Bühne.

»Tag, ich bin der Mohammed. Hab in der Schule nie aufgepasst, wollte kein Soldat werden, und jetzt mache ich das Leben anderer kaputt. Dafür verdiene ich eine Menge Geld, denn ich verkaufe euren Kindern Haschisch und Marihuana.«

Alle buhten den Dealer aus. Sie warfen ihm Geldgier und Unmenschlichkeit vor, doch er verließ nur gelassen die Bühne. Irgendwie kam mir das alles nicht so richtig authentisch vor. Es war, als ob er den asozialen Ausländer nur gespielt hätte.

Nach dem Berufsabend machte unser Lehrer eine kleine Umfrage in der Klasse. 80 Prozent meiner Mitschüler wollten plötzlich zur Bundeswehr. Dort sollte man sich nämlich angeblich auch richtig gut zum Arzt oder Piloten ausbilden lassen können. Nur meine Schwester wollte Drogendealerin werden.

Der schwarze Slip

Mein Vater stürmte voller Panik in mein Zimmer. Er begann zu weinen und fiel vor mir auf die Knie. Sein ganzes Gesicht war voller Tränen. Noch nie in meinem Leben hatte ich meinen Vater so traurig gesehen. »Mehmet, mein Sohn, bitte nicht. Ich tu alles, was du willst, aber bitte sei nicht so«, sagte er heulend zu mir.

Ich wusste nicht, was er meinte. Was hatte er denn jetzt wieder an mir auszusetzen? Bestimmt hatte er die Fotos von den nackten Frauen in meinem Schrank entdeckt.

»Baba, die gehören einem Freund, ich schwöre es dir!«

»Sei ruhig, ich hab deine Lügen satt. Du lügst ständig, nur damit ich nicht sauer auf dich bin. Mehmet, was habe ich nur falsch gemacht? Wieso tust du deinem eigenen Vater so was an?«

Es waren also wohl doch nicht die Nacktfotos, die ihn so trübsinnig machten. Die hätten ihn sowieso nicht weiter gestört, wahrscheinlich hätte er sogar einige für sich behalten. Aber worüber beschwerte er sich dann?

»Baba, ich weiß gar nicht, wovon du gerade redest.«

Er kramte in seiner Tasche und holte einen schwarzen Damenslip heraus.

»Das hier hab ich in deinem Kleiderschrank entdeckt.«

Er drückte mir den Slip in die Hand und begann zu weinen.

»Ziehst du wirklich so was an? Warum bist du so? Warum kannst du nicht einer von diesen normalen türkischen Jungs sein, die morgens brav in die Moschee gehen und am Abend in die Disco? Warum willst du unbedingt anders sein?«

Jetzt war ich baff. Deswegen heulte er also. Er dachte wahrscheinlich, ich wäre homosexuell. Dabei gehörte dieser Slip meiner Freundin Sibel und nicht mir. Sie hatte ihn mir zum Geburtstag geschenkt, weil ihr nichts Besseres eingefallen war und die Läden am Sonntag schon zu gehabt hatten.

»Ich tu alles was du willst, aber bitte sei wieder ein richtiger Mann«, bettelte er.

Irgendwie gefiel mir die ganze Situation. Ich hatte plötzlich so etwas wie Macht über meinen Vater. Für so konservative Leute wie ihn war das ja auch sehr schlimm. »Würdest du mir dafür auch Geld geben?«, fragte ich vorsichtig.

»Natürlich, nimm, so viel du willst«, sagte er und gab mir seine Brieftasche.

»Baba, seit meiner Kindheit habe ich viele Probleme mit dir«, begann ich. »Du hast mir nie wirklich deine Aufmerksamkeit geschenkt, außer wenn du mich geschlagen hast. Du musst aufhören, mich kontrollieren zu wollen. Lass mich öfters rausgehen, damit ich auch mal Frauen zu sehen bekomme.«

Er hörte mir gespannt zu und schrieb sich einige Sachen sogar auf.

»Deine politische Einstellung hat mich auch nie angesprochen, und ich will, dass du sie aufgibst. Aus diesem Grund wollte ich auch immer anders sein als du.«

»Versprochen, ich mach alles. Ich werde mich ändern, mein Sohn. Ich mach alles für dich, aber bitte sei wieder normal!«

»Jetzt gehe ich mit dem Geld ein wenig Schminke kaufen, und außerdem habe ich eine sehr schöne Gucci-Tasche in der Stadt gesehen, die will ich unbedingt haben. Denk über meine Worte nach. Sobald ich eine Veränderung bei dir sehe, werde ich mich auch ändern.«

»Bitte, lauf aber nicht so vor den Verwandten und Freunden rum. Wie soll ich ihnen das denn erklären?«, fügte mein Vater noch hinzu.

»Sag ihnen einfach, sie sollen mich so akzeptieren, wie ich bin, das mache ich bei ihnen schließlich auch.«

Ich nahm einen Hundert-Euro-Schein aus seiner Geldbörse und ging los. Natürlich wollte Sibel sofort mitkommen, sie hatte das Geld offenbar schon aus der Ferne gerochen. Wir spazierten durch die Innenstadt und kauften uns jeden sinnlosen Mist, der uns gefiel. Außerdem aßen wir in der edelsten Dönerbude, die ich kannte. Am Abend kehrten wir dann erschöpft zu mir nach Hause zurück. Jetzt, wo mein Vater dachte, ich wäre schwul, konnte ich Sibel ja ohne Weiteres mit nach Hause nehmen. Wir setzten uns ins Wohnzimmer und tranken Kaffee, bis mein Vater hereinplatzte.

»Was bist du nur für ein türkisches Mädchen?«, fragte er meine Freundin.

»Wie bitte?«

»Du hängst hier mit einem Schwulen rum. Kannst du denn gar nicht logisch denken? Wenn alle Männer schwul wären, wie wollt ihr Frauen dann noch Kinder bekommen? Siehst du etwa nicht, dass ihr damit die Menschheit in Gefahr bringt?«

»Wer soll schwul sein?«, fragte Sibel verwirrt. Natürlich wusste sie von der ganzen Sache nichts. Sie dachte, ich hätte das Geld mit Thaimassagen für Senioren verdient.

»Der Kerl da, der sich mein Sohn nennt. Ich wünschte,

er hätte Interesse an so einem hübschen Mädchen wie dir, aber nein, er muss ja unbedingt auf Männer stehen. Guck mal, was ich in seinem Schrank entdeckt habe.«

Nun zeigte er Sibel ihren eigenen Slip.

»Hey, das ist doch meiner!«, sagte sie beschämt und riss ihm den Slip aus der Hand.

»Wie, es ist deiner?«, fragte mein Vater verwirrt.

»Ich hab ihn Mehmet gegeben, außerdem ist er gar nicht schwul. Warum wären wir denn sonst seit einem halben Jahr zusammen?«

Meinem Vater fiel ein Stein vom Herzen. Sein Gesicht gewann wieder an Farbe, diesmal wurde es sogar richtig rot. Wahrscheinlich schämte er sich für die ganze Sache.

»Du bist also nicht schwul?«, fragte er und kam auf mich zu.

»Nein.«

»Und du hast eine Freundin?«

»Ja.«

»Und ihr Slip war in deinem Schrank?«

»Ja, Baba. Ist das nicht toll? Ich bin nicht so schwul, wie du denkst«, sagte ich grinsend, doch plötzlich kriegte ich eine Riesenohrfeige.

»Ihr ehrlosen Kinder, nächste Woche wird geheiratet!«

Mein Großvater in Deutschland

Duisburg war schon immer die Traumstadt der Familie Akyazi. Hier hatte einst mein Opa geschuftet. Er hatte hart gearbeitet, damit die Deutschen auf ihrer teuren Couch sitzen und ihren Kindern das beibringen konnten, was den Kindern meines Opas nie beigebracht worden war. Deshalb war unsere Familie auch dumm geblieben. Wir waren eine Arbeiterfamilie vom Dorf, genauso wie die ganzen anderen Kanaken in Deutschland. Nach der Pensionierung ist mein Opa dann sofort aus Deutschland geflüchtet. In der Türkei war seine eigentlich kümmerliche Rente viel wert. Seine Kinder ließ er hier zurück. Sie mussten weiter zur Schule gehen, um sich für die gleiche Arbeit zu qualifizieren, die meinem Opa damals hinterhergeschmissen worden war. Es war halt so ähnlich wie der amerikanische Traum.

Jetzt wollte mein Opa uns wieder besuchen kommen, um seine Kinder und Enkelkinder zu sehen, und wir standen alle am Flughafen und warteten sehnsüchtig auf ihn. Natürlich hatten wir uns anständig angezogen und liefen nicht in unserer normalen Alltagskleidung herum. Kurze und enge T-Shirts oder Röcke hatte mein Opa noch nie gemocht. Er war schon immer der Meinung gewesen: »Entweder ganz oder gar nicht.«

Meine Haare waren zur Seite gekämmt. Meine Schwester hatte ihr Nasenpiercing rausgenommen. Meine Mutter trug wieder ihr Kopftuch. Nur mein Vater musste nichts ändern, denn er war schon immer der schleimige Mustersohn gewesen. All meine Onkel beneideten ihn darum, denn mein Opa mochte meinen Vater am liebsten. Kein Wunder, bei meinem Vater gab es auch die beste Cola. Die anderen Familienmitglieder wussten ja nicht, dass ihm mein Vater ständig Alkohol in sein Getränk mischte, was meinem Opa sehr gefiel. Die Familie prügelte sich regelrecht um ihn. Man hatte großen Respekt vor ihm, er war ja so was wie der Gründervater der Familie Akyazi und somit auch Begründer des Unheils, das sich über ganz Duisburg verbreitet hatte. Es zeugte von Anstand und Vernunft, wenn man ihn bei sich beherbergte. Vielleicht kennen die Deutschen so was nicht, aber wir Türken bemühen uns sehr, uns fürsorglich um unsere Ältesten zu kümmern.

Dann stand mein Opa mit seinem Koffer vor uns. Er hatte wieder seine Baskenmütze auf, die in Europa die Intellektuellen und in der Türkei die Bauern tragen. In seiner anderen Hand hatte er ein Riesenfass mit Ziegenmilch. Meine Verwandten rissen es ihm sofort aus der Hand. Er wurde von allen Seiten geküsst und umarmt. Ich konnte meinem Opa ansehen, was er gerade dachte: »Warum habe ich bloß so viele Kinder gemacht?« Die ganze Zeit stellte man ihm Fragen, von denen er die meisten sowieso nicht beantworten konnte. Anschließend fuhren wir nach Hause, natürlich mit dem ganzen Rest der Familie im Schlepptau, und alle quetschten sich in unser Wohnzimmer. Die Erwachsenen unterhielten sich den ganzen Abend, bis es meinem Opa irgendwann zu viel wurde. Also wurde die komplette Sippschaft nach Hause geschickt, und er konnte sich endlich mal ausruhen. Kurz bevor er schlafen ging, kam er noch zu mir an mein Bett:

»Wenn du auch so viele Kinder machst wie ich, dann schneid ich dir deinen Lümmel ab.«

In dieser Nacht schlief ich sehr schlecht. Mein Opa ließ ständig einen fahren. Er konnte so laut furzen, dass ich es sogar in meinem eigenen Zimmer hören konnte. Ab und zu ging er in die Küche, um etwas zu essen. Die Anwesenheit meines Opas brachte mich zum Nachdenken. Es gab oft Momente, in denen ich nicht verstand, was ich in diesem Land überhaupt zu suchen hatte, und wenn ich meinen Opa sah, dann wusste ich es noch weniger. Waren wir wirklich nur zum Arbeiten hier?

Am nächsten Morgen saßen wir am Frühstückstisch. Normalerweise gab es nur Toastbrot, aber heute hatte meine Mutter viele leckere Sachen für meinen Opa vorbereitet.

»Mehmet, hast du Lust auf einen kleinen Spaziergang? Ich hab zu viel gegessen, glaub ich«, sagte mein Opa nach dem Frühstück.

Die Knöpfe an Opas Hemd waren wirklich kurz vorm Platzen. Ich hielt einen Spaziergang ebenfalls für ratsam und ging mit ihm vor die Tür. In der Nähe unserer Wohnung befand sich ein Park. Dort konnte man prima rumlaufen.

»Wie alt bist du jetzt?«, fragte mein Opa.

»Achtzehn.«

»Ehrlich? Als ich in deinem Alter war, hatte ich schon drei Kinder.«

»Ja, vielleicht habe ich auch irgendwo welche.«

Mein Opa lachte.

»Wie läuft die Schule?«

»Ganz gut.«

»Streng dich an. Wenn du ein Nichtsnutz sein willst, dann sei wenigstens ein Nichtsnutz, der sich angestrengt hat.«

Auf einmal näherte sich eine Truppe von Glatzköpfen.

Ich konnte erkennen, dass es Neonazis waren. Zwei von ihnen hatten einen Baseballschläger dabei, ein anderer seinen Hund. Mein Herz blieb fast stehen. Mein Opa dagegen schien sich gar keine Sorgen zu machen. Er blieb gelassen. Wahrscheinlich wusste er gar nicht, was Neonazis überhaupt sind. Zu seiner Zeit hatte man die Ausländer ja noch nicht loswerden wollen. Was sollte ich tun? Ich konnte es doch nicht allein mit diesen Typen aufnehmen. Und da war ja auch noch mein Opa. Wenn ich die Polizei rief, würde sie wohl erst nach Stunden kommen. Wir waren geliefert. »Opa mit Enkel von Nazis angegriffen« – ich konnte die Schlagzeile bereits deutlich vor Augen sehen. Warum war ich nicht gerade am Strand von Ordu? Warum war ich in diesem Land voller Dichter und Denker? Wegrennen konnten wir auch nicht, mein Opa war nämlich nicht besonders schnell. Schon sahen die Nazis in unsere Richtung.

»Ach, was haben wir denn da?«, hörte ich einen.

Ich begann zu schwitzen und hoffte nur, dass sie uns irgendwann einfach wieder ignorieren würden.

»Stopp!«

Sie bauten sich direkt vor uns auf. Der Hund knurrte uns an.

»Was sind deine Sorgen, mein Kind?«, fragte mein Großvater.

»Wo wollen wir denn hin, Opa?«

»Wir wollten etwas spazieren gehen.«

»So so, ihr wolltet also spazieren gehen. Wo sind denn eure Kopftuchfrauen?«

Ich war so eingeschüchtert, dass ich kein Wort rausbekam. Einer von den Nazis schubste mich zur Seite.

»Sag mal, dein Gesicht kommt mir irgendwie bekannt vor«, sagte mein Opa zu dem Skinhead. Der guckte ihn verblüfft an.

»Was? Was redest du da?«

»Doch, doch, du bist doch der Sohn von der Maria, oder?«

Der Skinhead machte große Augen

»Woher weiß du das?«

»Kennst du mich etwa nicht mehr?«

»Nein, woher?«

»Wo ist dein Vater?«

»Er ist verschwunden, als ich klein war.«

»Ja, ich bin nämlich dein Vater«, sagte mein Großvater zu dem zwei Meter großen Nazi.

Zunächst wollte der Nazi es nicht wahrhaben. Ich konnte sehen, wie es in seinem Kopf arbeitete. Ihm stiegen Tränen in die Augen.

»Ich bin der Sohn eines Türken? Warum hat meine Mutter nichts gesagt?«

Der Nazi begann zu heulen. Er fiel vor meinem Großvater auf die Knie.

»Vater, warum hast du uns verlassen? Warum hast du mich nie geliebt? Warum durfte ich nie einen Vater haben?«

Meinem Opa wurde die ganze Sache unangenehm.

»Geh weg, meine Söhne sind keine Nazis, außer vielleicht türkische.«

Wir gingen einfach an der Horde von Skinheads vorbei. Die Freunde des Nazis waren genauso schockiert wie ich, und er selbst heulte immer noch wie ein Kind. Mein Opa hatte uns gerettet.

»Dein Trick war echt genial!«, lobte ich meinen Großvater.

»Was für ein Trick?«

»Du bist doch nicht wirklich der Vater?«

»Natürlich bin ich der Vater. Deine Oma konnte ich damals nicht mit nach Deutschland nehmen, ich war ganz allein hier. Sollte ich etwa zwanzig Jahre in Deutschland arbeiten, ohne eine Frau zu begatten? Ich bin doch kein Inder.«

Unglaublich, und ich hatte immer gedacht, unsere Familie wäre verklemmt und zurückgeblieben. Mein Opa konnte nicht nur besser Deutsch als mein Vater, er war ja sogar noch fortschrittlicher als ich! Allerdings war meine Sippschaft damit noch größer, als ich dachte. Wahrscheinlich hat mein Vater auch noch irgendwo anders ein paar deutsche Halbbrüder. Jetzt weiß ich auch, was die wahre Aufgabe der Türken in Deutschland ist: Wir ficken die Bundesrepublik!

Die Familiendemo

Die Sonne schien, der Himmel war wolkenlos, und meine gesamte Sippschaft hatte sich bei uns im Schrebergarten versammelt: Da war meine Psychotante aus Krefeld, mein Säuferonkel aus Bochum, meine vierzig Cousins aus Duisburg, und selbst der Familienanwalt war bei diesem schönen Wetter zu uns gekommen. Wir grillten also lautstark im Garten. Es lief irgendwelche orientalische Musik, die ab und zu vom Geläster meiner Tanten übertönt wurde. Die deutschen Nachbarn begannen sich gestört zu fühlen und hängten ihre Deutschlandfahnen immer höher. Wir wurden jedoch noch lauter, denn mein Vater fing an, Alkohol zu verteilen, worauf meine Verwandten höchst unterschiedlich reagierten. Mein Vater wurde müde, mein Onkel begann zu schreien, ein anderer Onkel tanzte, und einer schrie sogar, ohne überhaupt etwas getrunken zu haben. Mir war bei solchen Familienfesten immer langweilig. Ich durfte nichts trinken, konnte keine Mädchen anbaggern, und der einzige Spaß bestand darin, das Essen zu probieren. Plötzlich kamen unsere Nachbarn aus ihrem Garten hervor:

»Hallo, geht es mal ein wenig leiser da?«

Mein Vater reagierte prompt:

»Was du Nasischwein?«

Der Nachbar wurde wütend:

»Ich bin kein Nazi, aber ich mag es nicht, wenn Sie hier so viel Krach machen.«

Was der Nachbar nicht wusste: Es ist sinnlos, sich mit einem besoffenen Türken anzulegen. Aber es war lustig, ihm dabei zuzusehen.

»Immer geben Befehle: Büsche nicht schneiden, Rasen nicht mähen, keinen Turm bauen. Ich hab satt, Sie befehlen mir gar nix mehr!«, schrie mein Vater. »Außerdem wir haben Anwalt hier!«, fügte er noch hinzu. Allerdings lag der Anwalt besoffen auf der Wiese. Der Nachbar erkannte seine hoffnungslose Lage und verzog sich. Die Feier wurde immer schlimmer. Die Erwachsenen diskutierten betrunken über Religion, und meine Tanten suchten nach ihren verschwundenen Kindern. Immer brachten sie ihre Kinder mit, ließen sie frei herumlaufen und wunderten sich, wenn sie weg waren.

Plötzlich stand die Polizei am Gartentürchen. »Wir haben eine Beschwerde wegen Ruhestörung erhalten. Wenn Sie nicht leiser sind, müssen wir Ihre Feier sofort beenden.«

»Wo Beschwerde?«, fragte mein Vater.

»Das spielt keine Rolle.«

Die Polizisten gingen wieder, aber leider hörten meine Verwandten nicht auf ihren Rat. Im Gegenteil, wir wurden noch lauter. Die Kinder schrien, die Eltern schrien, und der Anwalt lag im Koma.

»Jetzt reicht es mir, wo sind wir denn hier? Gerade war die Polizei hier, und Sie sind immer noch so laut«, meldete sich der Nachbar wieder.

Mein Vater schenkte ihm keine Beachtung. Die Deutschen kamen gegen die traditionelle Feierkultur der Türken nicht an. Der Nachbar blieb vor unserem Garten stehen, in der Hoffnung, dass wir bei seiner Präsenz leiser würden. Als jedoch nichts geschah, ging er angewidert wieder weg. Die Feier verlor immer mehr an Niveau. Meine Verwandten fingen an, zusammen zu tanzen und zu singen. Nach einer halben Stunde stürmte plötzlich die Polizei unseren Garten. Alle bekamen Handschellen angelegt und wurden abgeführt.

»Was ist hier los?«, fragte der Anwalt, der aus seinem tiefen Schlaf erwachte.

»Sie haben gegen das Versammlungsgesetz verstoßen. Ihre Demonstration war nicht angemeldet, und nach einer unvermeidbaren Spontandemonstration sieht es hier ja auch nicht gerade aus.«

Hatte ich's doch gewusst: Irgendwann würde uns unsere große Anzahl an Familienmitgliedern Schwierigkeiten bereiten. Wir sind so viele, dass wir fast schon einen eigenen Staat gründen könnten. Kein Wunder, dass man uns Türken als Gefahr betrachtet.

Die Schönheitsoperation

Mein Vater saß schlecht gelaunt am Frühstückstisch und las die Zeitung. »Unglaublich, ich kann das nicht mehr lesen«, beschwerte er sich und schmiss die Zeitung zornig auf den Tisch.

»Was ist los?«, fragte ich.

»Hier ist eine ganze Seite nur mit Anzeigen für Brustvergrößerungen für Frauen.«

Meine Schwester guckte sehr interessiert.

»Früher hatten die noch Anstand. Aber jetzt lese ich nur noch Brustvergrößerung hier, Lippenvergrößerung da und Nasenoperationen gratis dazu.«

Er schmiss die Zeitung in den Müll. Meine Schwester holte sie wieder raus und guckte sich die Anzeigen genauer an. Nach dem Frühstück verschwand sie damit in ihrem Zimmer. Irgendwie hatte ich ein ungutes Gefühl bei der Sache.

In der nächsten Woche kam meine Schwester mit einem Dokument bei meinem Vater an.

»Was ist das?«, fragte er.

»Ich bin in der Finalrunde des bundesweiten Mathematikwettbewerbs. Leider findet das Finale in Berlin statt, und daher brauche ich erstens Geld und zweitens deine Unterschrift.«

»Wie viel brauchst du?«, sagte mein Vater und holte seine Geldbörse aus der Tasche.

»Sechstausend Euro.«

»Sechstausend Euro? Bist du verrückt geworden?«

»Baba, es ist für meine Bildung!«

»Dann scheiß ich auf Bildung! Ich zahl doch keine sechstausend Euro, nur damit wir hier später am Kühlschrank eine Urkunde aufhängen können, die eh keinen interessiert. Außerdem wird dieser Ausflug ganz bestimmt keine sechstausend Euro kosten. Mehmet, schau du dir mal das hier an.«

Mein Vater reichte mir den Zettel. Meine Schwester machte ein drohendes Gesicht. Anscheinend wollte sie, dass ich nichts Falsches sage. Als ich das Dokument sah, musste ich lachen. Meine Schwester wollte eine Brustvergrößerung.

»Und, was steht drin?«, fragte mein Vater.

»Sie will Melonen kaufen.«

»Was?«

»Sie möchte eine Schönheitsoperation.«

Das Gesicht von meinem Vater wurde knallrot. Ich glaube, noch nie hatte meine verwöhnte Schwester ihn so wütend gemacht.

»Ich schwöre, das ist nicht für mich, es ist für eine Freundin«, versuchte sie sich noch zu retten, doch mein Vater war richtig sauer:

»Du bist gerade mal vierzehn, *lan*, was willst du mit einer Schönheitsoperation? Wie kann man so dumm sein, ich versteh das nicht. Anscheinend hab ich dich zu sehr verwöhnt. Von mir kriegst du kein Geld mehr. Geh in dein Zimmer, ich schick gleich deine Mutter vorbei, mal sehen, was die davon hält!«

Damit war meine Schwester geliefert. Meine tiefgläubige Mutter war der Meinung, dass unsere Religion jegliche Veränderung am menschlichen Körper verbot. Man soll die Schönheit so nutzen, wie sie von Gott gegeben ist, deswegen gibt es viele muslimische Frauen, die sich nicht schminken oder sich weigern, ihre Augenbrauen zupfen zu lassen. Schönheitsoperationen waren ihr natürlich erst recht ein Dorn im Auge. Als mein Vater es meiner Mutter erzählte, legte sie alle Küchenarbeiten nieder und ging ins Zimmer meiner Schwester.

Nach einer Stunde kam meine Mutter wieder raus. Meine Schwester blieb heulend in ihrem Zimmer.

»Und, wie hast du sie bestraft?«, fragte mein Vater.

»Sie macht eine Woche die Hausarbeit.«

»Ist das alles?«

»Natürlich nicht, außerdem muss sie den Müll raustragen.«

Ich war genauso beleidigt über diese milde Strafe wie mein Vater.

»Mama, die Melda wollte eine Schönheitsoperation!«

»Na und? Sie ist ein junges und unerfahrenes Mädchen.«

»Und weshalb heult sie jetzt so?«

»Ich hab sie so lange verhauen, bis der Teufel aus ihr herausgekrochen ist.«

Mein Vater und ich schwiegen. Wir wollten uns in diese Angelegenheit nicht einmischen. Manchmal habe ich wirklich Angst vor meiner eigenen Familie. Wir haben ja nur die normalen pubertären Probleme wie alle anderen Teenager, doch die Lösung meiner Eltern ist stets radikal.

Schlechte Nachrichten

Um fünf Uhr morgens klingelte mein Handy. Ich war sofort wach, denn das war kein gutes Zeichen: Es war meine Freundin Sibel, und um diese Zeit hatte sie noch nie angerufen. Eigentlich hatte sie mich überhaupt noch nie angerufen, seit wir eine Beziehung hatten. Auf jeden Fall ging ich ran und hörte sofort ihre grässlich hohe Stimme.

»Schatz?«

»Ja?«

»Schläfst du noch?«

Ich wusste gar nicht, was ich auf so eine Frage antworten sollte. Dachte sie wirklich, man könnte im Schlaf ans Telefon gehen?

»Nein, du hast mich gerade geweckt.«

»Ist auch egal, ich hab ganz schlechte Nachrichten. Nee, eigentlich sind sie gut, aber für dich wohl eher nicht.«

»Okay?«

»Willst du mich nicht zuerst fragen, wie es mir geht?«

»Okay, wie geht es dir?«, fragte ich.

»Ganz übel.«

»Aha.«

»Willst du mich nicht fragen, warum es mir übel geht?«

»Warum geht es dir so übel?«

»Ich hab mich gerade übergeben.«

»Mein Gott Sibel, ruf doch nicht wegen so was an, vor allem nicht um fünf Uhr morgens!«

»Ja, willst du mich denn nicht fragen, warum ich mich übergeben habe?«

»Wahrscheinlich, weil du gestern Abend wieder zu viel getrunken hast und heute Morgen mit einem alten Opa aufgewacht bist.«

»Mehmet, jetzt bleib mal ernst, ich trage wahrscheinlich dein Kind in mir.«

Jetzt war ich wirklich wach.

»Was?«, fragte ich panisch.

»Ich glaube, ich bin schwanger.«

Plötzlich fing die Welt an, sich um mich zu drehen. Ganz viele alte Erinnerungen und Bilder schossen mir durch den Kopf. Wie mir mein Vater damals das Fahrradfahren nicht beigebracht hatte oder wie meine Mutter mich an den Ohren in die Moschee schleppte. All diese schönen Dinge waren verloren, denn ich war so gut wie tot!

»Bist du sicher?«, fragte ich nach.

»Natürlich nicht, ich gehe heute zum Arzt. Aber ich würde jetzt schon mal mit deinem Vater reden, das könnte ziemlich unangenehm werden.«

Unangenehm war das richtige Wort! Hatte mich Sibel überhaupt mal in eine angenehme Situation gebracht? Selbst bei der Zeugung unseres Kindes hatte ich leiden müssen. Wie sollte ich das meinem Vater erklären? Vor einem Jahr hatte er sich noch geweigert, mit mir einen Film anzuschauen, in dem sich zwei Menschen küssten. Aufklärung gab es sowieso nicht, bei uns Türken werden die Babys vom deutschen Adler gebracht. Wie sollte ich mit dieser Situation umgehen? Ich musste mir ein paar gute Ausreden überlegen. Doch eigentlich konnte ich mein Testament schreiben, einen Nachfolger hatte ich ja jetzt. Am Frühstückstisch versuchte ich dann, mit meinen Eltern zu reden.

»Mama, Baba?«

»Allah bewahre, jetzt kommt nichts Gutes«, ahnte meine Mutter.

»Ihr kennt doch meine Freundin Sibel, oder?«

»Du meinst das Mädchen, das ich immer besoffen mit dem Taxi nach Hause fahren muss?«, fragte mein Vater.

»Ja genau die. Also ... sie ist schwanger.«

»Was für eine Schlampe! Hat sie den Jungen wenigstens geheiratet?«, fragte meine Mutter.

»Sehe ich etwa verheiratet aus?«

Plötzlich fiel meinem Vater der Tee aus der Hand. Das ganze heiße Wasser landete auf seiner Hose, doch irgendwie spürte er in dieser Situation keinen Schmerz. Meine Mutter schaute nur ganz entsetzt. Nur meine Schwester interessierte die ganze Sache wohl nicht, irgendwie war sie mit den Gedanken woanders. Wahrscheinlich dachte sie wieder an Geld.

»Wie kannst du nur? Du bist erst achtzehn ...«, murmelte mein Vater.

»Bei meiner Geburt warst du doch erst sechzehn!«

»Ja, aber da hatte ich keine Wahl.«

»Warum?«

»Wir lebten im Dorf, es war langweilig. Strom war fast nie da, was erwartest du? Hätte ich ein Buch lesen und dann Revolution machen sollen? Aber du, du bist verwöhnt, kriegst eine gute Bildung, und dann schwängerst du ein Mädchen! Wie willst du sie versorgen? Deine Freundin schluckt doch mehr als unser Wagen. Allein der Alkohol wird dich eine Menge kosten, aber vergiss mal die Sibel, wie willst du überhaupt ein Kind versorgen? Du kannst noch nicht mal dein Bett machen.«

»Ja, aber ...«

»Nichts aber, ab heute bist du hier nicht mehr willkommen. Erwachsene Männer führen einen eigenen Haushalt. Ich würde dir empfehlen, die Schule abzubrechen und einen Job zu suchen, anscheinend hat dir der Unterricht sowieso nicht viel gebracht.«

»Aber ...«

»Hau ab! Ausgerechnet dieses dumme Mädchen macht er schwanger. Ich will deinen Bastardsohn noch nicht mal ansatzweise sehen!«

Da stand ich vor der Tür. So hatte ich mir schon immer meine Zukunft in Deutschland vorgestellt: allein, arbeitslos und pleite. Meine Eltern unterstützten mich nicht, der Staat gab mir noch kein Bafög, und ohne Abitur konnte man noch nicht mal Müllmann werden. Warum nur war die ganze Welt gegen mich? Während die einen ihr Leben genießen, müssen die anderen dafür leiden. Als ob das noch nicht gereicht hätte, rief wieder meine Freundin Sibel an.

»Schatz?«

»Ja, gibt es noch weitere schlechte Nachrichten?«

»Nein, im Gegenteil. Du hast Glück, ich bin gar nicht schwanger. Gestern Abend hab ich wohl tatsächlich zu viel getrunken und deswegen war mir heute Morgen so übel. Ich hoffe, du hast zu Hause nicht allzu viel Ärger gekriegt.«

Die türkische Talkshow

Mein Vater platzte in mein Zimmer. Voller Freude warf er mir eine aktuelle türkische Zeitung aufs Bett und zeigte mit seinem Finger auf den ersten Artikel.

»Lies!«, befahl er.

»Türkische Mama bringt sechs Mustafas zur Welt«, las ich die erste Überschrift laut vor.

»Nein, den anderen Artikel.«

»Vater mit seinem Sohn zu Talkshow eingeladen. Cihan Akyazi will seinen Sohn wieder zur Vernunft bringen.«

Ich konnte meinen Augen nicht trauen, als ich diesen Abschnitt las. Hatte mich mein Vater tatsächlich für eine Talkshow angemeldet? Das wäre absolut der Höhepunkt all seiner schrecklichen Taten.

»Was soll das?«, fragte ich schockiert.

»Ich hab uns für eine Talkshow angemeldet. Aber keine Bange, ich werde mich nur ein wenig darüber beschweren, dass du dich von mir nicht unterdrücken lässt. Außerdem kriegen wir sogar Geld dafür – also ich zumindest.«

»Warum sollte ich so was machen?«

»Weil ich sonst deiner Mutter verrate, wie viel Promille du gestern Abend im Blut hattest.«

Unglaublich, dieser kaltblütige Mensch erpresste mich. Ich gab nach und fuhr mit ihm zur Talkshow. Es war zwar eine türkische Sendung, doch sie wurde in Köln aufgezeichnet. Ich kannte diese Show, all meine Verwandten guckten sie. Ständig gab es dort neue Dramen.

Da saß ich nun hinter der Bühne und wartete auf unseren Auftritt. Unsere Themen waren bereits auf einem Blatt vorformuliert. Als Erstes wurde mein Vater aufgerufen. Mit dem Spruch »Mein Sohn würde mich für alles verraten« setzte er sich, unterstützt vom Applaus des Publikums, auf einen Sessel. Er beschwerte sich bei der Moderatorin, dass ich immer nur an mich denken würde. Zum Beispiel sollte ich meine Schwester verfolgt haben, nur um mich an ihre unschuldigen Freundinnen ranzumachen.

»Er hat nur Mädchen im Kopf. Aber die Mädchen, die ich ihm vorschlage, guckt er sich noch nicht mal an. Er ist so ein schlimmer Junge, nur mit versauten Leuten gibt er sich ab.«

Die Moderatorin stimmte all seinen Punkten zu, obwohl sie mich noch gar nicht kannte. Danach kam ich an die Reihe. Mit dem Spruch »Ich lebe so, wie ich will« sollte ich mich bei den Zuschauern unbeliebt machen, was mir auch durchaus gelang. Ich erzählte der Moderatorin, dass mein Vater mir alle Freiheiten wegnahm, nur um seine eigenen Vorteile daraus zu ziehen. Er hatte mich sogar mit der hässlichen Tochter seines Vorarbeiters verkuppeln wollen, nur damit er bessere Arbeitsbedingungen bekam, erzählte ich. Alle Leute waren empört über diese Geschichte.

»Er war sogar betrunken«, fügte ich noch selbstbewusst hinzu.

»Was ist schon dabei?«, antwortete mein Vater. »Ich wollte ihm halt ein anständiges Mädchen vorstellen. Vielleicht ist sie hässlich, aber sie hat auch Gefühle. Und wenigstens kann sie kochen, im Gegensatz zu diesen ganzen anderen Mädchen. Außerdem, was ist schlimm daran, ab und zu ein wenig Raki zu trinken? Dieser Junge bereitet mir so viele Probleme, dass ich die Welt ohne Alkohol gar nicht ertragen könnte. Ständig droht er mir, dass er später mal ein deutsches ungläubiges Mädchen heiraten will. Können Sie sich so was vorstellen? Mein Enkelkind trägt später den Namen Helga oder Holga. So was kann ich doch nicht zulassen, er ist doch immer noch mein Sohn!«

»Es ist doch mein Recht, entscheiden zu können, wen ich heirate und wen nicht. Außerdem finde ich es total ätzend, dass die Älteren schon so früh unsere Zukunft planen. Es ist doch unser Leben, warum können wir nicht selbst darüber entscheiden? Von mir aus heirate ich eine deutsche ungläubige Helga, die nicht kochen kann, na und? Wenn ich in sie verliebt bin, kann mich eh niemand aufhalten«, beschwerte ich mich.

»Sehen Sie, sehen Sie, mein Sohn ist total blind! Wie soll ein Junge mit dieser Einstellung denn eine sichere Zukunft haben? Er denkt immer noch, die ganze Welt würde ihm gehören. Dabei hat er keine Ahnung, wie schwierig es ist, eine Beziehung mit einer deutschen Frau zu führen. Sie hat eine ganz andere Kultur, ganz andere Gewohnheiten. Denk nicht, sie wird dir die ganze Zeit hinterherrennen und dein Zimmer aufräumen wie deine Mutter. So was machen deutsche Frauen ganz bestimmt nicht. Sie gehen den ganzen Tag nur arbeiten, und wenn du Glück hast, schlafen sie mal eine Nacht mit dir im selben Bett.«

»Die türkische Frau wird ja auch unterdrückt! Man verpasst ihr ein Kopftuch und einen Maulkorb und lässt sie den ganzen Haushalt machen. Nur weil mir das Patriarchat Vorteile verschafft, muss ich das doch nicht ausnutzen!«

»Jetzt wiederholt er wieder irgendwelchen Hippiekram aus seinen Schulbüchern. Mein Sohn hat keine Ahnung vom wirklichen Leben, bitte bringen Sie ihn zur Vernunft.«

Die Zuschauer unterstützten lautstark meinen Vater.

»Du darfst nicht so egoistisch denken, dein Vater will wirklich nur das Beste für dich«, jetzt ergriff die Moderatorin ebenfalls Partei gegen mich.

»Er verlangt aber Geld dafür, dass er mich verheiratet!«

»Natürlich, wie willst du denn ohne Geld in der Ehe auskommen?«

»Er kriegt ja das Geld, nicht ich!«

»Na ja, am Ende bleibt das Geld ja in der Familie.«

»Nein, es landet in seiner fetten Wampe!«

Die Zuschauer buhten mich aus. Ich machte mich wirklich unbeliebt. Plötzlich tat mein Vater so, als würde er weinen, und einige Zuschauer heulten sogar mit. Schockiert blickte ich in die Kamera. All meine Freunde würden das jetzt sehen. Was würden sie jetzt über mich denken? Ich musste irgendwie meine Ehre retten, mein ganzer Ruf war im Eimer.

»Abends kommt mein Vater besoffen nach Hause und schlägt mich mit dem Gürtel!«, warf ich in die Runde. Die Moderatorin guckte entsetzt. »Er schwänzt ständig das Freitagsgebet, trinkt jeden Tag Alkohol und spielt Glücksspiele mit seinen Freunden in der Teestube!«, fügte ich hinzu. Jetzt buhten die Zuschauer plötzlich nur noch meinen Vater aus. Er wurde ganz rot und versuchte, sein Gesicht mit seiner Jacke zu verdecken. Die Moderatorin legte eine Pause ein.

»Also, entweder bist *du* der schlechte Sohn oder *du* der böse Vater. Entscheidet euch, beides geht nicht!«, sagte sie drohend. Mein Vater guckte mich an. Natürlich wollte er, dass ich den schlechten Sohn darstellte. Aber er wusste auch, dass ich bei so etwas niemals mitspielen würde. Nach der Pause standen wir wieder auf der Bühne.

»So, Mehmet und Cihan. Wie es aussieht, vertragt ihr euch nicht so gut, woran könnte das denn liegen?«, fragte uns die schleimige Moderatorin.

»Meine Frau, also Mehmets Mutter, hat uns wegen einem anderen Mann schon früh verlassen. Eigentlich mögen wir uns, nur seine Mutter ist an unserem Streit schuld.«

Seit diesem Fernsehauftritt haben wir zu Hause nie wieder etwas Anständiges zu essen bekommen. Meine Mutter sprach drei Monate lang kein einziges Wort mit uns. Das ganze Geld für die Show hat natürlich mein Vater eingestrichen. Ich hatte mich umsonst zum Affen gemacht. Väter und Söhne können wohl niemals vernünftig miteinander umgehen.

Ein Interview mit Mehmet Akyazi

Wer ist Mehmet Akyazi? Beschreibe dich kurz.
Mehmet Akyazi heißen sowohl die Hauptfigur im Buch als auch ich selbst. In den Kurzgeschichten ist er sozusagen mein satirisches Alter Ego. Er sagt oft, was ich denke, doch seine Erlebnisse stimmen nicht immer mit meiner Wirklichkeit überein. Viel davon habe ich mir ausgedacht oder von anderen Leuten erzählt bekommen. Einiges habe ich allerdings tatsächlich selbst erlebt, zum Beispiel, dass ich zehn Meter Abstand zu meiner eigenen Freundin einhalten muss. Mein Leben ist tatsächlich durch diese Doppelidentität, also dem Leben in zwei Kulturen, geprägt. In Wirklichkeit bin ich vor Kurzem neunzehn geworden. Geboren und aufgewachsen bin ich in Duisburg, aber meine Eltern stammen aus Ordu in der Türkei. Eine sehr schöne Stadt am Schwarzen Meer. Zur Zeit lebe ich noch bei ihnen in Duisburg. Ach ja, und natürlich bin ich viel cooler und charismatischer als der Mehmet in diesem Buch.

Sind deine echten Eltern wirklich so konservativ oder hast du dir das nur ausgedacht?
In Wirklichkeit ist mein Vater das Gegenteil eines Konservativen, und beim letzten Gebet meiner Mutter gab es wahrscheinlich die DDR noch. Ich bin in einer eher modernen und offenen Familie aufgewachsen. Wäre ich aber in einem konservativen Umfeld groß geworden, dann

würde ich jetzt womöglich die Sachen glauben, die mir beigebracht wurden. Für die meisten türkischen Kinder ist das nämlich die Realität, und in meinem Buch wollte ich das auch deutlich machen. Die Leser sollen begreifen, in was für einer schwierigen Lage sich unsere Generation befindet. Wir stehen zwischen zwei ganz verschiedenen Welten: Man versucht, uns in einem christlich-abendländischen Land zu guten Moslems zu erziehen. Die meisten türkischen Eltern wollen nämlich nicht, dass ihre Kinder ihre Sprache und Kultur vergessen, und versuchen, quasi eine Parallelgesellschaft aufzubauen. Sie erziehen die Kinder außerhalb der deutschen Gesellschaft, und das ist ein sehr großer Fehler. Dadurch wird es noch schwieriger, an solche Leute ranzukommen. Die Schuldfrage liegt aber nicht nur bei den Türken, auch die deutschen Kinder werden nicht gerade zu weltoffenen und toleranten Menschen erzogen. Den meisten wird von Anfang an eingeredet, dass der kleine Türke im BMW sehr gefährlich sein kann. Das ist alles Schwachsinn, man sollte sich aufgrund solcher Sachen nicht bekämpfen, und das versuche ich mit Hilfe meiner Satiren zu kritisieren.

Warum schreibst du?

Eigentlich will ich mit meinem Buch einfach nur die Leute zum Nachdenken bringen. Sie sollen unser Umfeld, unsere Lage verstehen und begreifen, warum wir so sind, wie wir sind. Unser Leben sollte nicht zusätzlich dadurch erschwert werden, dass man uns Faulheit oder Dummheit vorwirft. Wir sind nämlich alles andere als faul und dumm, doch man stellt uns sehr oft so hin. Man hat uns nie Vorteile in der Gesellschaft verschafft, wir wurden immer nur in eine Schublade gesteckt. Wenn jemand dumm ist, dann die, die mit solch einer Behauptung ihre eigenen Fehler überdecken.

Für wen schreibst du? Wie sieht deine Leserschaft idealerweise aus?
Eigentlich ist mir das Alter, die Nationalität oder die Religion meiner Leser völlig egal. Durch diese Kategorien werden unsere Probleme nur verschärft. Deshalb ist so was auch überhaupt nicht entscheidend, denn wichtig ist nur das Bewusstsein. Deshalb wünsche ich mir am liebsten eine offene, dynamische und wenn möglich weibliche Leserschaft mit großen Brüsten. So zwischen neunzehn und vierundzwanzig Jahre wäre okay.

Verstehen die Menschen deinen Humor? Fühlen sich manche Leute nicht missverstanden oder gar angefeindet?
Es gibt wirklich einige Leute, die meinen Humor als pure Hetze verstehen. Sie werfen mir sogar Rassismus vor! Meistens sind es aber gerade die Leute, die sich in ihrer eigenen Rückständigkeit in dem Buch wiedererkennen und deshalb nicht mit der Ironie klarkommen. Ich mache die Türken nicht fertig, um die Deutschen zu schützen, und genauso wenig mache ich mich über die Deutschen lustig, um die Türken zu schützen. Ich will einfach nur aufzeigen, dass beide Seiten ihre Macken haben. Die sollte man versuchen zu korrigieren, denn im Prinzip ist es egal, wo man herkommt. Wichtig ist nur, dass man menschenwürdig leben kann.

Die Gratwanderung zwischen deutschen, türkischen oder sonstigen Stereotypen und der Wirklichkeit ist manchmal gar nicht einfach. Wo endet die Realität und wo beginnt das Vorurteil in deinen Geschichten?
Es ist wirklich sehr schwer einzuschätzen, ab wann ein Vorurteil ein Vorurteil ist, denn viele Sachen gehören auch zu einer bestimmten Kultur. Früher war es halt Mode, dass jeder Türke einen Schnurrbart trug, aber die Deutschen waren ja eine Zeit lang ebenfalls begeisterte Schnauzbartträger. Sobald man aber die Leute in den Dreck zieht, sie richtig beleidigt oder Hass schürt, mischt sich das Vorurteil zu sehr in die Realität ein. In den Kurzgeschichten finden sich deshalb viele Klischees und Vorurteile wieder, und ich will dem Leser bewusstmachen, dass diese völlig schwachsinnig sind.

Gibt es für dich so etwas wie »typisch deutsch« oder »typisch türkisch«?
Natürlich gibt es so was. Die meisten Türken sind ja auch typisch türkisch und die Deutschen typisch deutsch. Sie haben ihre Kultur, ihre Lebensart und ihre Denkweisen. Ich sehe so viele deutsche Paare, die im Restaurant getrennt zahlen und so viele Türken, die Mercedes C-Klasse fahren. Man kann diese Tatsachen ja nicht leugnen. Es ist völlig schwachsinnig, sich so was wegdenken zu wollen. Zum Beispiel gibt es einige »intellektuelle« Deutsch-Türken, die sich dafür eingesetzt haben, den Begriff »Gastarbeiter« aus dem deutschen Wortschatz zu streichen, aber warum? Wir sind ursprünglich als Gastarbeiter hierhergekommen. Jahrelang haben unsere Großväter für ein besseres Leben gerackert und geschuftet, und nun sollen wir unsere Herkunft nicht mehr beim Namen nennen

dürfen? Natürlich klingt das Wort in manchen Ohren abwertend, aber für mich ist es das Gegenteil. Es verdeutlich unsere Stellung in der Gesellschaft. Wenn man ein armes Schwein ist, dann sollte man auch dazu stehen und es nicht mithilfe von schönen Worten überdecken. Ich kann diejenigen Leute, die sich Mund und Ohren zuhalten und dann blind durch ihre »heile Welt« spazieren, nicht verstehen. Der Begriff »typisch« drückt doch lediglich aus, dass man öfter dieselbe Erfahrung mit etwas gemacht hat. Ich kenne viele Deutsche, die blond sind, und deswegen darf ich auch sagen, dass diese Haarfarbe typisch deutsch ist. Natürlich gilt das nicht für alle, doch deswegen sagen wir ja auch »typisch« und nicht »im Allgemeinen«.

Dein Witz lebt auch von den Missverständnissen in der Kommunikation zwischen den Kulturen. Was sind deine Erfahrungen mit diesen Verständigungsschwierigkeiten?
Diese Situation in einer Geschichte, in der mein Vater mit einer Russin spricht und beide aneinander vorbeireden, weil keiner die deutsche Sprache richtig beherrscht, kommt auch in der Realität oft genug vor. Natürlich gibt es aber auch noch zahlreiche andere Verständigungsschwierigkeiten, die viel gravierender und unlustiger sind. Das größte Verständigungsproblem zwischen Deutschen und Türken ist, dass die Deutschen sich nicht in die Lage der Türken hineinversetzen können. Viele Leute ziehen mich immer noch wegen meines Akzents auf, aber kaum einer will verstehen, woher er kommt. Sie verbinden ihn direkt mit »asozial« oder »schlecht erzogen«. Ich habe die deutsche Sprache hauptsächlich durch das Fern-

sehen gelernt, weil meine Eltern überhaupt kein Deutsch beherrschen. Zu Hause spreche ich deshalb nur Türkisch. Die Deutschen denken, unser Leben wäre so einfach wie ihres. Meine Mutter konnte den Deutschkurs nie regelmäßig besuchen, weil sie sich um uns Kinder kümmern musste. Als wir dann größer waren, musste sie arbeiten gehen, weil das Gehalt von meinem Vater für eine vierköpfige Familie nicht ausreichte. Und neben der Arbeit machte sie auch noch den Haushalt. Sie hatte also nie die Gelegenheit, die deutsche Sprache zu erlernen. Das sollten die Leute begreifen, erst dann verstehen sie das eigentliche Problem.

Wie bist du zum Schreiben gekommen?
Früher habe ich es gehasst, zu lesen. Die Bücher aus dem Schulunterricht habe ich mir nur zwangsweise angeguckt. Literatur ging mir am Arsch vorbei, und ich kam erst sehr spät mit ihr in Berührung. Mein Vater hat mir dann eines Tages ein Buch von Osman Engin mitgebracht, das ich megawitzig fand. Dort erzählt ein türkischer Vater von seinem stressigen Alltag in Deutschland. Ich habe mir dann noch weitere Bücher von ihm geholt. Das war aber auch das Einzige, was ich damals las. Als ich dann mit all seinen Geschichten durch war, kam ich auf die Idee, selbst etwas zu schreiben. In seinen Geschichten erzählt er immer aus der Perspektive eines türkischen Vaters. Der hat einen missratenen Sohn, der ebenfalls Mehmet heißt. Manchmal konnte ich mich mit dieser Figur sehr gut identifizieren, deshalb habe ich versucht, aus der Sicht eines türkischen Sohnes zu schreiben. Mit vierzehn schrieb ich dann meine erste Satire für die Schule, nur mal um zu testen, wie sie ankommt. Die Rückmeldung

der Mitschüler und meiner Lehrerin war ziemlich positiv, doch ich wollte mehr Feedback. Daraufhin stellte ich die Geschichten ins Internet, und auch da kamen sie gut an. Der Rest ging dann fast von alleine.

Denkst du, Integration kann in Zukunft besser gelingen? Wie könnte der Weg dahin aussehen?
Solange die Türken sozial benachteiligt werden, wird sich gar nichts an der Integration ändern. Wir sind ja nicht fehlintegriert, weil wir keine Lust darauf haben, sondern weil wir in vielen Bereichen benachteiligt werden. Es gibt für uns einfach zu wenig soziale Gerechtigkeit, dafür aber viele Vorwürfe. Wenn sich etwas ändern soll, dann fängt es bei den materiellen Bedürfnissen an. Warum sind denn reiche Türken so gut integriert? Weil sie sich Bildung leisten können. Würde man diese soziale Ungerechtigkeit ändern, erfolgte Integration schon von alleine.

Wie sollten Deutsche und Türken ihr Zusammenleben gestalten?
Die meisten Deutschen und Türken haben überhaupt kein Interesse an einem guten Zusammenleben. Die Bedingungen dafür sind einfach nicht vorhanden. Die Deutschen werden beherrscht von den Medien und ihren Vorurteilen, die Türken von ihrem traditionellen kulturellen Umfeld. Solange diese beiden Fronten bestehen, ist es schwierig, ein Zusammenleben zu gestalten. Natürlich gibt es auch zahlreiche Gegenbeispiele, wo es doch klappt. Aber das liegt dann meistens an der Einstellung einzelner Personen, die sich nicht an der Meinung der Mehrheit orientieren. Die meisten Deutschen laufen zum Beispiel

mit der Einstellung »Wer sich nicht anpassen kann, hat hier nichts verloren« herum, während die Türken denken: »Ich hasse Deutschland, alles ist scheiße hier.« Wie sollen diese beiden Standpunkte jemals zusammenfinden?

Siehst du dich mehr als Deutscher oder als Türke?
Diese Frage höre ich immer wieder, doch meiner Meinung nach ist sie gar nicht wichtig. Ich bin weder Deutscher noch Türke, eigentlich bin ich nur ein Mensch, und allein das ist im Leben auch entscheidend. Ich tue, was ich für richtig halte, und es ist mir ganz egal, ob es deutsch oder türkisch ist. Natürlich bin ich hier geboren und aufgewachsen, deshalb könnte ich mir ein Leben in der Türkei gar nicht vorstellen, aber das muss nicht heißen, dass ich mich hier auch wohlfühle. Es gibt viele Türken, die in Deutschland Erfolg haben und als Integrationsbeispiel gelobt werden, aber in meinen Augen ist das alles nur Heuchelei. Sie haben das geschafft, was viele nicht geschafft haben, aber nur, weil sie Glück hatten. Wenn man als Junge unter eher ärmlichen Verhältnissen aufwächst und die Eltern noch nicht mal Deutsch können, dann nützt es nichts, wenn irgendein Fußballspieler als Musterbeispiel für Integration gilt. Man muss allen Menschen eine reale Chance geben, etwas aus sich zu machen. Ich will kein Deutscher oder Türke sein, und integriert bin ich deshalb eigentlich auch nicht.

Wie würdest du eine deutsch-türkische Kindheit und Jugend zusammenfassen?
Meine Kindheit war eigentlich ziemlich lustig. Im Kindergarten war mein bester Freund ein Deutscher. Das war ein

weiterer Anreiz für mich, Deutsch zu lernen, doch sobald ich zu Hause war, musste ich wieder Türkisch reden. Nach dem Kindergarten wollte mich mein Vater dann unbedingt auf eine katholische Grundschule schicken, weil da wenig Türken waren. Er selbst wurde damals nach seiner Ankunft in Deutschland in eine Klasse voller Türken gesteckt. Da war es natürlich schwer, Deutsch zu lernen. In meiner katholischen Grundschulklasse dagegen war ich tatsächlich der einzige Türke. Jeden Freitag musste ich sogar in die Kirche, wo ich mir eine Predigt anhören durfte. Nebenbei besuchte ich auch noch jedes Wochenende den Korankurs, ich bin also mit zwei Religionen gleichzeitig aufgewachsen. Mein Vater hat mich immer gewarnt, dass ich genauso ein Arbeiter wie er werden würde, wenn ich mich in der Schule nicht anstrenge. Er hat sehr intensiv mit mir geübt, auch wenn ich trotzdem nur mittelmäßige Leistungen erzielt habe. Für einen Türken fanden mich die Lehrer aber ganz gut. Am Ende wollte mich meine Sachkundelehrerin unbedingt auf einem Gymnasium sehen. Sie lobte mich bei ihren Kolleginnen in den Himmel. Als ich dann aber auf dem Gymnasium war, fingen die Probleme an. In den Fächern Deutsch und Biologie stand ich auf »mangelhaft«, in den restlichen Fächern auf »ausreichend«. Sitzenbleiben konnte ich nicht, weil die ersten zwei Jahre am Gymnasium Erprobungsstufen sind. Natürlich warf mir der Lehrer daraufhin mangelhafte Deutschkenntnisse vor und wollte mich in die Gesamtschule schicken, doch dann hat sich meine Mathelehrerin für mich eingesetzt. Sie überzeugte meinen Vater, nicht die Schule zu wechseln. Meine Noten verbesserten sich mit steigendem Druck von meinen Eltern. Ich fühlte mich total überfordert, bis ich dann in der 10. Klasse auf eigenen Beinen stehen konnte und meine Eltern mir auch nicht mehr helfen konnten. Meine Noten wurden besser. Ich verstand plötzlich viele Sachen, anstatt sie stur auswendig zu lernen. Der Druck durch mein Umfeld war aber weiterhin sehr groß. Ich habe ständig mit der Angst gelebt, dass ich für einen Fehler später büßen müsste. Ich bin ja nicht in einem Einfamilienhaus mit Garten, sondern in einem kleinen Wohnblock aufgewachsen. Die Vorstellung, dass mein Leben später auch noch so aussieht, hat mir sehr viel Angst gemacht. Wenn ich darüber nachdenke, wie viel Glück ich in meiner Schullaufbahn hatte, dann kann ich meinen Mathe- und Sachkundelehrerinnen gar nicht genug danken. Ohne sie wäre ich wahrscheinlich noch ein ganz normaler Türke ohne Ausbildung und Perspektive. Unsere Zukunftsperspektiven dürfen aber nicht vom Glück abhängig sein. Die Fehler liegen somit nicht nur bei uns, das habe ich aus meiner deutsch-türkischen Kindheit gelernt.

Wie ist dein Verhältnis zu anderen Deutsch-Türken, zu Deutschen und zu Menschen mit ganz anderer Herkunft?
Mir ist es völlig egal, ob jemand Deutscher, Türke oder irgendwas anderes ist. Ich achte gar nicht darauf: Wenn ich jemanden nicht leiden kann, dann liegt es bestimmt nicht an seiner Herkunft. Das Nebeneinander der Kulturen in Deutschland spiegelt sich auch in meinem Freundeskreis wieder. Ich habe deutsche, türkische und afghanische Freunde, und keiner von ihnen kümmert sich um die Herkunft der anderen. Nur, wenn wir über mein Buch reden, kommt so was mal zur Sprache.

Hast du schon Ausländerfeindlichkeit, wie etwa in deiner Geschichte »Dütsche Bahn«, erlebt?
So etwas Krasses hab ich noch nicht am eigenen Leib erlebt, doch ich war mit dabei, als ein kleiner türkischer Junge von einem Neonazi verprügelt wurde. Der Kleine war gerade einmal neun oder zehn Jahre alt, ich war damals vierzehn. Gemeinsam mit meiner Mutter und meiner Schwester war ich einkaufen. Eigentlich waren eine Menge Leute in dem Laden. Während die Mutter des Jungen sich etwas anguckte, tobte der kleine Junge mit seinem noch kleineren Bruder in dem Laden herum. Der Skinhead wollte ebenfalls dort einkaufen, doch anscheinend fühlte er sich durch die Kinder gestört. Als der Junge an ihm vorbeirannte, packte er ihn am Kragen und verprügelte ihn feige. Er schlug ihm aufs Gesicht, trat auf ihn ein, als er auf dem Boden lag. Die Mutter des Jungen versuchte, ihrem Jungen zu helfen und beschimpfte den Nazi, doch das hatte keine Wirkung. Es war ein typischer Skinhead mit Glatze und Springerstiefeln. Als dann der Junge ganz laut heulte, machte er sich aus dem Staub. Niemand hielt ihn auf, da alle starr vor Schreck waren. Meine Mutter sprach das Thema nicht weiter an, weil sie wahrscheinlich dachte, wir würden es sowieso nicht verstehen. Ich hatte wegen der Sache eine Zeit lang schlimme Gewissenskonflikte, weil ich dem Jungen nicht hatte helfen können. Aber es ist einfach nur entsetzlich, dass es so etwas Unmenschliches überhaupt gibt. Ich höre immer noch Geschichten von vielen Türken, die hier diskriminiert werden. Es ist fast schon Alltag, jedoch wird in den Medien ein ganz anderes Bild gezeigt. Deshalb sollten die Leute endlich mal verstehen, dass irgendwas in diesem Land nicht stimmt.

Was machst du, wenn du mal nicht schreibst?
Wenn ich mal nicht schreibe, klaue ich den Wagen meines Vaters und fahre damit Rennen in Duisburg. Eigentlich lebe ich wie ein ganz normaler Jugendlicher, der auch gerne mal feiert. Eine Zeit lang hab ich auch Nachhilfe für hübsche hilfsbedürftige Schülerinnen gegeben. Für acht Euro die Stunde konnte man mich mieten. Ich habe meinen Job zwar echt scheiße gemacht, aber ich war auf das Geld angewiesen. Jetzt chille ich halt ein wenig in Duisburg.

Wie sehen deine Zukunftspläne aus?
Konkrete Zukunftspläne habe ich immer noch nicht. Ich will sie auch nicht haben, denn eigentlich lasse ich immer alles einfach auf mich zukommen. Am liebsten möchte ich später etwas machen, was mir Spaß macht und wo ich genug Geld verdiene. Notfalls werde ich Lehrer.

Inhalt